PLUSPUNKT DEUTSCH

Leben in Deutschland

B1.1

ARBEITSBUCH TEILBAND 1

Jin | Schote

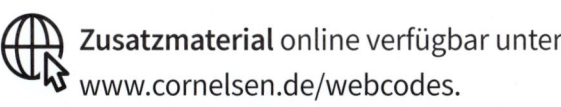

Zusatzmaterial online verfügbar unter www.cornelsen.de/webcodes. **Code: kimowu**

Cornelsen

Symbole

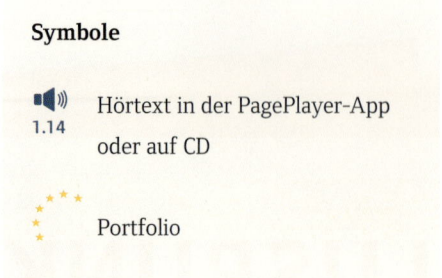

🔊 1.14   Hörtext in der PagePlayer-App oder auf CD

⭐ Portfolio

Pluspunkt Deutsch B1.1
Leben in Deutschland

Arbeitsbuch, Teilband 1

Im Auftrag des Verlags erarbeitet von Friederike Jin und Joachim Schote

Redaktion: Corinna Hilger und Laura Nielsen
            Gertrud Deutz (Projektleitung)
Bildredaktion: Katharina Hoppe-Brill
Illustrationen: Christoph Grundmann
Umschlaggestaltung, Layout und technische Umsetzung: finedesign Büro für Gestaltung, Berlin

www.cornelsen.de

2. Auflage, 1. Druck 2022

Alle Drucke dieser Auflage sind inhaltlich unverändert und können im Unterricht nebeneinander verwendet werden.

© 2016 Cornelsen Schulverlage GmbH, Berlin
© 2022 Cornelsen Verlag GmbH, Berlin

Druck: AZ Druck und Datentechnik GmbH, Kempten

ISBN: 978-3-06-120581-2

PEFC zertifiziert
Dieses Produkt stammt aus nachhaltig bewirtschafteten Wäldern und kontrollierten Quellen.
www.pefc.de
PEFC/04-31-2260

Inhalt

 Mit der PagePlayer-App, die Sie kostenlos in Ihrem App-Store herunterladen können, haben Sie die Möglichkeit, alle Audios auf Ihr Smartphone oder Tablet zu laden. So sind alle Inhalte überall und jederzeit offline griffbereit.

Alternativ finden Sie diese im Webcodeportal unter **www.cornelsen.de/codes**

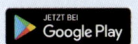 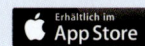

1   **Hören Sie die Interviews. Wer sagt was? Ordnen Sie zu.**

1 Ich habe nur wenig Kontakt zu meiner Familie.   **A** Neslihan

2 Die Familie ist wichtiger als der Beruf.   **B** Rosita

3 Ich kann mit meiner Schwester über meine Sorgen sprechen.   **C** Harald

4 Familienfeste sind wichtig für die Kontakte in der Familie.   **D** Roberta

2   **Ihre Familie und Sie. Schreiben Sie einen kurzen Text zu den Fragen.**

Mit wem haben Sie ein enges Verhältnis (eigene Kinder, Eltern, Geschwister, Cousins …)?
Worüber sprechen Sie mit Ihren Verwandten? Was machen Sie zusammen?

....

....

....

A   Familie heute

3   **Ergänzen Sie die Wörter.**

In dem Haus von Familie Löper leben mehrere

G_n_r_t_ _n_n unter einem D_ch. Das hat viele

V_rt_ _l_, aber es ist auch nicht immer einfach.

Manchmal sind die M_ _n_ng_n in der Familie

verschieden und dann ist auch Str_ _t möglich,

zum Beispiel beim Thema _rz_ _h_ng. Aber weil es R_g_ln gibt, funktioniert

das Leben in der Gr_ßf_m_l_ _ gut. Es gibt zum Beispiel einen Pl_n für die

G_rt_n_rb_ _t und den H_ _sp_tz. Alle übernehmen ihre Pfl_cht_n gerne.

4a   **Alicia und Holger erzählen. Hören Sie zu und kreuzen Sie an: Richtig oder falsch?**

	R	F
1 Alicia und Holger haben sich vor zwölf Jahren kennengelernt.	☐	☐
2 Die Eltern von Holger wollen sich trennen.	☐	☐
3 Holger hat gern bei seinen Schwiegereltern gewohnt.	☐	☐
4 Alicia wohnt noch bei ihren Eltern.	☐	☐

4b Hören Sie noch einmal und ordnen Sie die Sätze zu.

1 Sie mag Holger immer noch.
2 Die Kinder wohnen nicht bei Holger.
3 Die Kinder wohnen bei Alicia.
4 Die Eltern von Holger haben oft Streit.

A Trotzdem sieht er sie oft.
B Trotzdem kann sie in Vollzeit arbeiten.
C Trotzdem bleiben sie zusammen.
D Trotzdem wollen sie nicht mehr zusammen wohnen.

4c Schreiben Sie die Sätze aus 4b mit *obwohl*.

> *Obwohl sie Holger immer noch mag, wollen sie nicht mehr zusammen wohnen.*

5a Schreiben Sie die Sätze mit *trotzdem*.

1 gekommen sein – ich – zu dem Termin pünktlich.

Der Zug hatte Verspätung, ...

2 noch immer sehr gut – sein – er

Der Fernseher ist schon sehr alt, ...

3 wollen – ich – heute Abend – zum Sport gehen

Ich bin etwas erschöpft, ...

5b Schreiben Sie die Sätze mit *obwohl*.

1 haben – eine starke Erkältung – du

Du gehst zur Arbeit, ...

2 haben nur wenig Geld – sie

...., fahren sie ein großes Auto.

3 finden – im Winter – oft sehr kalt – ich – es

Ich lebe gern hier, ...

5c Schreiben Sie die Sätze aus 5a und 5b mit *aber*.

1 *Der Zug hatte Verspätung, aber ich bin pünktlich zu dem Termin gekommen.*

2 ....

3 ....

4 ....

5 ....

6 ....

6 *Weil* oder *obwohl*? Ergänzen Sie.

1 Er besucht seine Eltern am Wochenende nicht, ... sie in der Nähe wohnen.

.... er viel Arbeit hat.

2 Die Geschwister verstehen sich gut, ... ihre Beziehung gut ist,

.... sie manchmal streiten.

3 Frau Yang macht nur wenig im Haushalt, ... sie viel Zeit hat.

.... der Haushalt die Aufgabe von ihrem Mann ist.

7 Ergänzen Sie die Sätze.

1 Er geht spät schlafen.

Der Mann ist müde. Trotzdem geht ....

2 In ihrem Regal stehen viele Bücher.

Obwohl ...., liest sie nur selten.

3 Ich habe sie lange nicht gesehen.

Ich habe Lisa nicht vergessen, obwohl ....

4 Sie hat noch nie eine Hafenrundfahrt gemacht.

Sie wohnt schon lange in Hamburg. Trotzdem ....

B Irina Bulgakova erzählt

8 Zusammengesetzte Wörter. Ergänzen Sie.

Gesetz • Kreis • Möglichkeiten • Situation • Paar • Tätigkeit • Betreuung • Zeit

1 Die Betreuungs .... sind heute besser als früher. Trotzdem kann bei der

Kinder .... noch vieles besser werden.

2 Das Ehe .... ist seit 30 Jahren verheiratet.

3 Für Frauen mit kleinen Kindern ist eine Erwerbs ....

in Voll .... oft nur schwer möglich.

4 Gibt es Länder, die kein Mutterschutz .... haben?

5 Ich habe einen großen Freundes ....

6 Viele Leute sind mit ihrer Wohn .... nicht zufrieden.

9   Wiederholung: Präpositionen mit Dativ und Akkusativ. Ergänzen Sie.

1   • Was machst du nach d____ Arbeit?   • Ich gehe zu____ Friseur und in d____ Supermarkt.

2   • Wo ist die Zeitung?   • Vielleicht liegt sie auf d____ Tisch unter d____ Büchern.

3   • Hallo Rolf, wie geht es dir?   • Sehr gut. Ich komme gerade vo____ der Arbeit.

4   • Woher kommst du?   • Ich komme gerade aus d____ Stadt. Ich war mit Loris i____

    Café und in ein____ Geschäft. Ich habe ein Geschenk für mein____ Bruder gekauft.

10   Bestimmter und unbestimmter Artikel. Ergänzen Sie die Tabelle.

	Nominativ	Akkusativ	Dativ	Genitiv
m	*der/ein*			
n			*dem/einem*	
f		*die/eine*		
Pl.				*der/–*

11   In der Schule. Ergänzen Sie die Genitivendungen.

1   Sie schreibt die Fragen d*es/der* Schüler*s/Schülerin* an die Tafel.

2   Ich habe die Antwort d____ Lehrer____ nicht verstanden.

3   Am Anfang d____ Schuljahr____ bekommen wir neue Bücher.

4   Es ist der Wunsch d____ Eltern____, dass ihr Kind auf das Gymnasium kommt.

12   Ergänzen Sie *außerhalb, innerhalb, während, wegen* und die Genitivendungen.

1   _____ d____ Essens hat sie kein Wort gesagt.

2   _____ dies____ Räume darf man nicht rauchen, nur draußen.

3   Hier im Park gibt es kein Café. Aber Sie finden viele Cafés _____ d____ Park____.

4   Am Wochenende sind wir _____ d____ Wetter____ zu Hause geblieben.

13   Die liebe Familie. Ergänzen Sie die Genitivendungen.

Das Foto habe ich während ein____ Familienfest____ im

Haus mein____ Schwiegerelter____ gemacht. Sie sitzen

vorne in der Mitte. Zwischen ihnen sitzt die Tochter

mein____ Bruder____ und rechts die Tochter mein____

Schwester____, die oben rechts auf dem Foto ist. Vorne

ganz links ist der Bruder mein____ Schwiegervater____ und vorne ganz rechts sitzt seine

Frau. Hinten sitzen neben meiner Schwester zwei Geschwister mein____ Schwiegermutter.

14 Familienmitglieder. Schreiben Sie Sätze wie im Beispiel.

1 Tochter – Onkel: *Die Tochter meines Onkels ist meine Cousine.*

2 Tante – Sohn: _____

3 Tochter – Vater: _____

4 Schwiegermutter – Ehemann: _____

5 Schwester – Ehefrau: _____

C Konflikt in der Partnerschaft

15a Was macht man im Haushalt? Verbinden Sie.

1 die Kinder   **A** einkaufen
2 die Wäsche   **B** einräumen
3 die Kleidung   **C** putzen
4 die Spülmaschine   **D** aufhängen
5 die Wohnung   **E** abholen
6 Lebensmittel   **F** bügeln

15b Wer macht was bei Ihnen im Haushalt? Wann und wie oft machen Sie das? Schreiben Sie Sätze mit den Wörtern aus 16a.

> *Meine Kinder sind schon groß. Ich muss sie nicht mehr von der Schule abholen.*
> *Wir kaufen am Mittwoch und am Samstag Lebensmittel ein.*

16 Kleine Dialoge im Haushalt. Ordnen Sie zu.

1 Wo sind die Spaghetti?   **A** Ich habe es schon aufgeräumt.
2 Wann räumst du das Wohnzimmer auf?   **B** Ja. Er liegt auf dem Küchentisch.
3 Hast du den Einkaufszettel geschrieben?   **C** Ich habe keine Zeit. Können wir das
4 Wir müssen morgen die Wohnung putzen.   nicht übermorgen machen?
                                         D Ich habe sie oben in den Schrank gelegt.

🔊 04   **17** Textkaraoke. Hören, lesen und sprechen Sie die 👄-Rolle im Dialog.

👂 …

👄 Nein, sie sind noch zu nass.

👂 …

👄 Schon wieder? Wir sollten eine neue kaufen.

👂 …

👄 Das musst du alleine machen. Ich habe keine Zeit.

👂 …

👄 Sie steht schon auf dem Tisch.

18a Schreiben Sie die Sätze mit *weil* und *deshalb*.

1 Für viele Leute ist der Beruf sehr wichtig. Sie heiraten erst mit 30.

Für viele Leute ist der Beruf sehr wichtig. Deshalb ....

Weil .... *, heiraten sie erst mit 30.*

2 Ich ärgere mich. Du hast die Aufgaben nicht erledigt.

.... *, weil* ....

.... *. Deshalb* ....

3 Familie Löper hat Regeln. Das Zusammenleben funktioniert gut.

....

.... , ...

18b Schreiben Sie die Sätze aus 13a mit *denn* in Ihr Heft.

1. Viele Leute heiraten erst mit 30, denn ...

19 Ergänzen Sie die Sätze zu den Bildern.

1 Das Wetter ist gut. Deshalb ....

2 Sie fliegt morgen nach Marokko. Deshalb ....

3 Die Mutter arbeitet in Teilzeit. Deshalb ....

4 Er hat Hunger. Deshalb ....

20 Schreiben Sie die Sätze zu Ende.

1 Ich suche eine Arbeit. Deshalb ....

2 Ich will mehr Deutsch lernen. Deshalb ....

3 In dem Text verstehe ich viele Wörter nicht. Deshalb ....

4 Ich will eine Weiterbildung machen. Deshalb ....

5 Ich habe bald ein Vorstellungsgespräch. Deshalb ....

D Gleichberechtigung

21 **Ergänzen Sie die Wörter.**

> Hausmann • Gleichberechtigung • Chancen • Rolle • Grundgesetz • Haushalt

1 Im Beruf sollen Männer und Frauen gleiche .... haben.

2 Früher war die klassische .... der Frau, dass sie den

.... gemacht hat und nicht arbeiten gegangen ist.

3 Wenn ein Mann zu Hause bei den Kindern bleibt und nicht arbeitet, ist er ein

....

4 Zum Thema .... gibt es einen Artikel im ....

22a **Bringen Sie das Gespräch in die richtige Reihenfolge. Kontrollieren Sie mit dem Hörtext.**

- ☐ • Ich glaube, Familien wie Ihre gibt es nur selten.
- ☐ • Ich beobachte, dass in vielen Familien die Frauen zu Hause bleiben und die Männer das Geld verdienen.
- ☐ • Wie meinen Sie das, Herr Tito?
- ☑ • Alle sagen, dass man die Aufgaben in Ehe und Familie teilen sollte, aber oft ist es wie früher.
- ☐ • Das sehe ich anders. Ich kenne sehr viele Partnerschaften, in denen es so ist wie bei uns.
- ☐ • Ich stimme Ihnen nicht zu. Bei uns zum Beispiel ist das anders. Mein Mann und ich arbeiten beide, und wir kümmern uns gemeinsam um die Kinder und den Haushalt.

22b **Hören Sie noch einmal und kreuzen Sie an: Richtig oder falsch?**

	R	F
1 Er findet, dass die Frauen nicht arbeiten sollten.	☐	☐
2 Sie ist berufstätig.	☐	☐
3 Sie kennt viele Menschen, die so leben wie sie und ihr Mann.	☐	☐

23a **Schreibtraining. Bringen Sie die Sätze in die richtige Reihenfolge und schreiben Sie die Mitteilung in Ihr Heft.**

> den Schrank gelegt. Den Müll • die Spülmaschine ausräumen? •
> schon gebügelt und in • Grüße Natalia. • ich habe die Wäsche • Hallo Juan, •
> habe ich auch schon weggebracht. Kannst du noch

23b **Schreiben Sie eine Mitteilung für Ihren Partner / Ihre Partnerin.**

Das haben Sie schon gemacht: das Schlafzimmer aufgeräumt, die Wäsche aufgehängt

Das soll Ihr Partner / Ihre Partnerin noch machen: das Wohnzimmer saugen

24a Lesen Sie den Text und ergänzen Sie die Überschriften.

> Welche Fristen muss man beachten? • Rückkehr an den Arbeitsplatz •
> Kündigungsschutz • Elterngeld • Wer kann Elternzeit nehmen? •
> Wie lange kann man Elternzeit nehmen?

Die Elternzeit

....

Wenn man sein Kind selbst betreuen möchte, aber den Arbeitsplatz nicht verlieren will, hat man Anspruch auf maximal drei Jahre Elternzeit. Diese Zeit muss man nicht unbedingt zwischen dem ersten und dem dritten Lebensjahr des Kindes nehmen. Wenn der Arbeitgeber zustimmt, kann man bis zu zwölf Monate auch zwischen dem dritten und achten Geburtstag des Kindes nehmen.

....

Laut Gesetz muss man dem Arbeitgeber spätestens sieben Wochen vor dem geplanten Beginn mitteilen, dass man in Elternzeit gehen möchte. Man muss sich genau festlegen, für welche Zeiträume man innerhalb von zwei Jahren die Elternzeit nimmt. Spätere Ände-

rungen sind nur möglich, wenn der Arbeitgeber zustimmt.

....

Eltern können frei entscheiden, wer von ihnen in Elternzeit geht. Sie können sie auch gleichzeitig nehmen. Gerade direkt nach der Geburt nehmen Väter und Mütter gerne gemeinsam Elternzeit.

....

Wenn man Elternzeit hat, hat man Kündigungsschutz. Er beginnt acht Wochen, bevor die Elternzeit anfängt, und endet zusammen mit der Elternzeit. Man sollte also den Antrag ziemlich genau acht Wochen vorher stellen.

....

Nach der Elternzeit darf man nicht weniger verdienen als vorher. Aber der Arbeitgeber kann dem Arbeitnehmer einen anderen Arbeitsplatz geben als vor der Elternzeit.

....

Wenn man Elternzeit nimmt, kann man für die ersten Lebensmonate des Kindes Elterngeld beantragen. Informationen findet man unter www.familien-wegweiser.de.

24b Lesen Sie den Text noch einmal und kreuzen Sie an: Richtig oder falsch?

		R	F
1	Elternzeit kann man für Kinder bis zum achten Lebensjahr bekommen.	☐	☐
2	Der Vater und die Mutter können gleichzeitig Elternzeit nehmen.	☐	☐
3	Man muss vor der Elternzeit entscheiden, wie lange man sie nehmen möchte.	☐	☐
4	Der Kündigungsschutz endet acht Wochen nach der Elternzeit.	☐	☐
5	Man kann Elterngeld beantragen, auch wenn man keine Elternzeit nimmt.	☐	☐
6	Der Arbeitnehmer hat keinen Anspruch, nach der Elternzeit wieder denselben Arbeitsplatz zu bekommen.	☐	☐

Verhältnis, das, -se ....

A Familie heute

Paar, das, -e ....

unverheiratet ....

sogenannt ....

Patchworkfamilie, die, -n ....

alleinstehend ....

Familienmodell, das, -e ....

alleinerziehend ....

Generation, die, -en ....

Dach, das, "-er ....

zusammen‿leben ....

9-jährig ....

Zusammenleben, das, Sg. ....

obwohl ....

Unterstützung, die, -en ....

Hort, der, -e ....

Schwager, der, - ....

Schwägerin, die, -nen ....

unternehmen ....

erledigen ....

Elternhaus, das, "-er ....

ziehen ....

Einzelkind, das, -er ....

hektisch ....

Streit, der, Pl.: Streitigkeiten ....

Schwiegereltern, Pl. ....

Erziehung, die, Sg. ....

trotzdem ....

akzeptieren ....

Erziehungsmethode, die, -n ....

ergänzen ....

Großfamilienleben, das, Sg. ....

offen ....

Schwiegervater, der, "- ....

Schwiegermutter, die, "- ....

Meinungsverschiedenheit, die, -en ....

munter ....

B Irina Bulgakova erzählt

Scheidung, die, -en ....

Mutterschutz, der, Sg. ....

Wohnsituation, die, -en ....

Migrant/in, der/die, -en/-nen ....

Recht, das, -e ....

unterscheiden (sich) ....

Mutterschutzgesetz, das, -e ....

unterbrechen ....

Heirat, die, -en ....

Betreuungsmöglichkeit, die, -en ....

Ehepaar, das, -e ....

reichen ....

Risiko, das, Pl. Risiken ....

Freundeskreis, der, -e ....

beklagen (sich) ....

regeln ....

Betrieb, der, -e ....

Ehescheidung, die, -en ....

unabhängig ....

andererseits ....

unkompliziert ....

wegen ....

während ....

innerhalb ....

insgesamt ....

Mehrheit, die, -en ....

Vollerwerbstätigkeit, die, Sg. ....

Nebenerwerbstätigkeit, die, Sg. ....

minderjährig ....

Jugendamt, das, "-er ....

Hortgebäude, das, - ....

C Konflikt in der Partnerschaft

Partnerschaft, die, -en ....

Konflikt, der, -e ....

Wäsche, die, Sg. ....

aus}räumen ....

ab}nehmen (hier: die Wäsche) ....

staubsaugen ....

aus}ruhen (sich) ....

D Gleichberechtigung

Gleichberechtigung, die, Sg. ....

Realität, die, Sg. ....

Grundgesetz, das, Sg. ....

Rolle, die, -n ....

Hausmann, der, "-er ....

nämlich ....

Beziehung, die, -en ....

halbtags ....

Gesellschaft, die, -en ....

gleichberechtigt ....

scheinen (hier: Mir scheint, …) ....

Stadtbibliothek, die, -en ....

Gefühl, das, -e ....

Posten, der, - ....

vor}ziehen ....

beobachten ....

Eindruck, der, "-e
(hier: den Eindruck haben) ....

1 Ergänzen Sie die Wörter.

> Patchworkfamilie • Großfamilie • Familienstand • Familienleben

1 Ich hatte fünf Geschwister und deshalb war unser .... nie langweilig.

2 Ich bin nicht verheiratet und nicht geschieden. Mein .... ist ledig.

3 In einer .... leben mehr als zwei Generationen zusammen.

4 Eine .... ist eine Familie, in der ein Paar mit Kindern aus früheren Beziehungen zusammenlebt.

🔊 **2** **Wörter hören und nachsprechen. Hören Sie zu und sprechen Sie nach.**
06

1 der Mutterschutz – die Betreuungsmöglichkeiten – die Wohnsituation – der Freundeskreis

2 wegen der Kinder – während der Arbeit – außerhalb der Stadt

3 die Gleichberechtigung – die Beziehung – die Chance – die Karriere

3a Wählen Sie ein Foto aus 1–4. Sammeln Sie mit Ihrem Lernpartner/Ihrer Lernpartnerin Wörter für das Foto wie im Beispiel.

Foto 1	Foto 2
Familie	das Brettspiel
gemeinsam essen	…
…	

3b Beschreiben Sie das Foto.

> In Foto 1 isst eine Familie gemeinsam.
> Man sieht …

4a Wählen Sie ein Foto aus 5–8. Sammeln Sie mit Ihrem Lernpartner/Ihrer Lernpartnerin Wörter für das Foto wie im Beispiel.

> Foto 5
> den Haushalt machen
> Aufgaben teilen…

4b Wählen Sie ein Thema aus und sprechen Sie mit Ihrem Lernpartner/Ihrer Lernpartnerin darüber.

A **Familie:** Wie wichtig ist die Familie für Sie? Wie oft haben Sie Kontakt zu Ihren Eltern, Kindern oder anderen Verwandten?

B **Haushalt:** Wie viele Stunden brauchen Sie pro Woche für die Hausarbeit? Was machen Sie gern, was nicht so gern?

1 Lesen Sie die Sätze und ergänzen Sie die Wörter im Rätsel.

1 Ein anderes Wort für Bildschirm ist …

2 Ein Computer, der kleiner als ein Laptop und größer als ein Smartphone ist, heißt …

3 Man kontrolliert, ob und welche E-Mails man hat: die E-Mails …

4 Ein Gerät, mit dem man Dokumente drucken kann: der …

5 Ein Softwareprogramm, das man auf dem Smartphone oder dem Tablet nutzt: die …

6 Ein Laptop, ein Computer, ein Smartphone sind … Medien.

2 Lesen Sie die Texte und kreuzen Sie an: Richtig oder falsch?

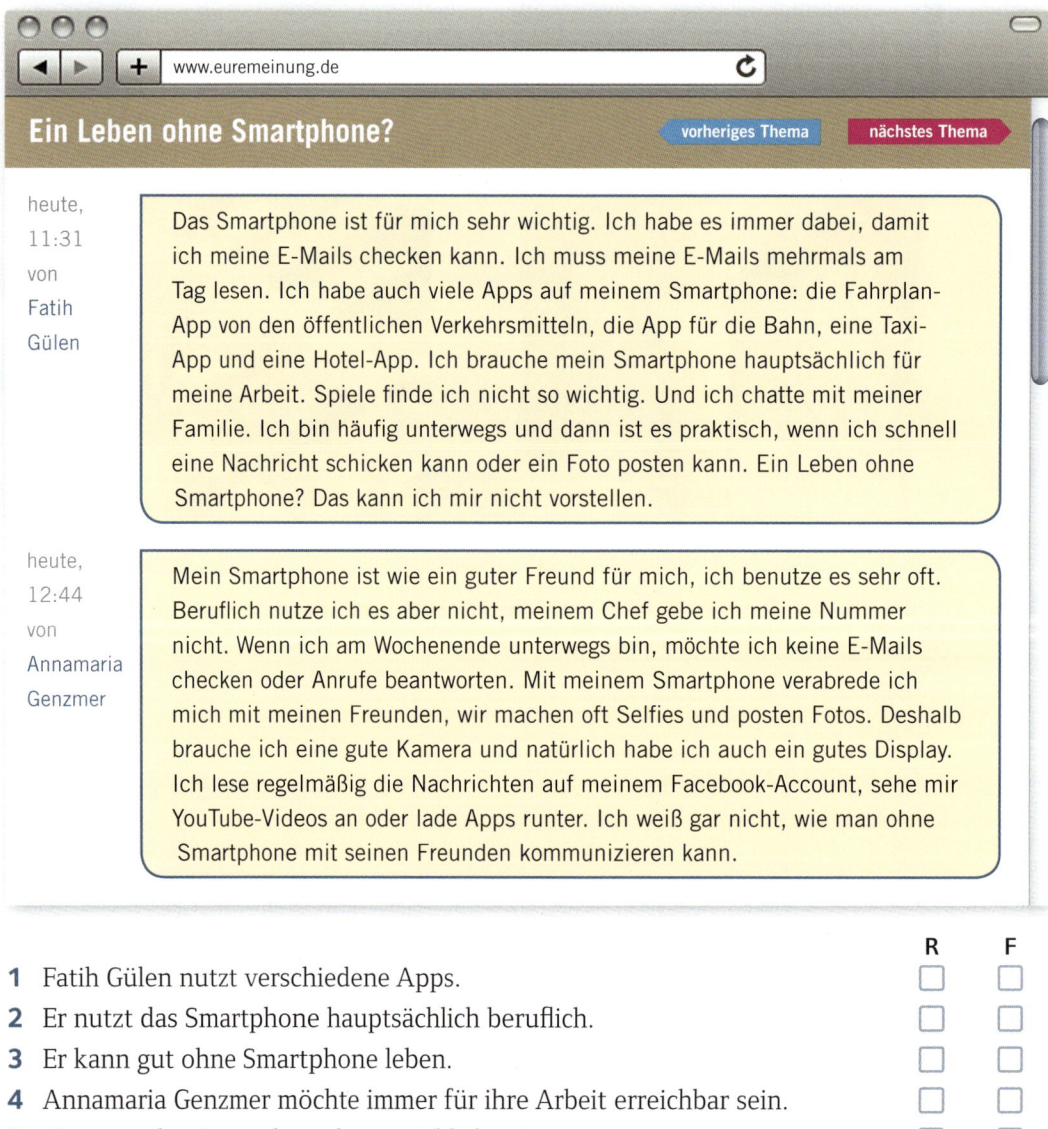

www.euremeinung.de

Ein Leben ohne Smartphone? vorheriges Thema nächstes Thema

heute, 11:31 von Fatih Gülen

Das Smartphone ist für mich sehr wichtig. Ich habe es immer dabei, damit ich meine E-Mails checken kann. Ich muss meine E-Mails mehrmals am Tag lesen. Ich habe auch viele Apps auf meinem Smartphone: die Fahrplan-App von den öffentlichen Verkehrsmitteln, die App für die Bahn, eine Taxi-App und eine Hotel-App. Ich brauche mein Smartphone hauptsächlich für meine Arbeit. Spiele finde ich nicht so wichtig. Und ich chatte mit meiner Familie. Ich bin häufig unterwegs und dann ist es praktisch, wenn ich schnell eine Nachricht schicken kann oder ein Foto posten kann. Ein Leben ohne Smartphone? Das kann ich mir nicht vorstellen.

heute, 12:44 von Annamaria Genzmer

Mein Smartphone ist wie ein guter Freund für mich, ich benutze es sehr oft. Beruflich nutze ich es aber nicht, meinem Chef gebe ich meine Nummer nicht. Wenn ich am Wochenende unterwegs bin, möchte ich keine E-Mails checken oder Anrufe beantworten. Mit meinem Smartphone verabrede ich mich mit meinen Freunden, wir machen oft Selfies und posten Fotos. Deshalb brauche ich eine gute Kamera und natürlich habe ich auch ein gutes Display. Ich lese regelmäßig die Nachrichten auf meinem Facebook-Account, sehe mir YouTube-Videos an oder lade Apps runter. Ich weiß gar nicht, wie man ohne Smartphone mit seinen Freunden kommunizieren kann.

	R	F
1 Fatih Gülen nutzt verschiedene Apps.	☐	☐
2 Er nutzt das Smartphone hauptsächlich beruflich.	☐	☐
3 Er kann gut ohne Smartphone leben.	☐	☐
4 Annamaria Genzmer möchte immer für ihre Arbeit erreichbar sein.	☐	☐
5 Sie nutzt das Smartphone hauptsächlich privat.	☐	☐
6 Sie kommuniziert häufig mit ihren Freunden über ihr Smartphone.	☐	☐

A Die sozialen Netzwerke

3 **Was passt? Lesen Sie den Elternbrief und kreuzen Sie an.**

1 Die Schüler von der Goethe-Schule haben am 31.10. Unterricht. R ☐ F ☐

2 Die Schule möchte

    A ☐ zu einem Informationstag einladen.

    B ☐ die neue Schulkantine eröffnen.

    C ☐ die Regeln für Handys in der Schule erklären.

Liebe Eltern der Goethe-Schule,

am 31.10. findet an unserer Schule eine Veranstaltung für Eltern zum Thema „Handys in der Schule" statt.

Wir starten um 9 Uhr mit einem Vortrag von Professor Weinrich zum Thema: *Smartphones in der Schule – Hilfe oder Ablenkung*? Dann wollen wir gemeinsam über Regeln für die Nutzung von Smartphones und Handys in der Schule diskutieren.

In der Mittagspause können Sie in der neuen Schulkantine essen. Um 14 Uhr treffen wir uns noch einmal im großen Saal für eine Abschlussveranstaltung.

Bitte teilen Sie uns auf dem Formular mit, mit wie vielen Personen Sie zu dem Informationstag kommen möchten und ob Sie am Mittagessen (Erwachsene 5,80 €) teilnehmen möchten.

Wir freuen uns, wenn viele Eltern zu diesem wichtigen Thema in die Schule kommen.

Ihr Organisationsteam

🔊 **4** **Lesen Sie die Fragen und Informationen. Hören Sie dann das Interview.**
07 **Ordnen Sie die Informationen den Fragen zu und schreiben Sie die Antworten.**

1 Wie viele Menschen in Deutschland nutzen das Internet?

2 Wer sind die Internetnutzer in Deutschland?

3 Was machen die 20- bis 30-Jährigen im Netz besonders häufig?

4 Was machen Senioren im Internet?

☐ Gesundheitstipps recherchieren • ☐ private E-Mails schreiben •
☐ soziale Netzwerke • ☑ 50 Prozent nutzt mobiles Internet • ☐ Online-Shopping •
☐ alle Altersgruppen • ☑ 71 Millionen • ☐ Online-Banking • ☐ Online-Videospiele •
☐ unterwegs online sein • ☐ Kinder, 20-30-Jährige und Senioren

---

1 Mehr als 71 Millionen Menschen in Deutschland nutzen ...

5a Wortverbindungen. Ordnen Sie zu.

1	sich im Internet	A	verbringen
2	sich über das Internet mit Freunden	B	informieren
3	Fotos	C	umgehen
4	Computerspiele	D	austauschen
5	Kontakte	E	knüpfen
6	viel Zeit im Netz	F	posten
7	soziale Netzwerke	G	teilnehmen
8	an Foren oder Chats	H	nutzen
9	mit den neuen Medien	I	spielen

5b Infinitiv mit *zu*. Ergänzen Sie die Verben aus 5a.

1 Es ist nicht erlaubt, Fotos von anderen ....

2 Am Wochenende habe ich oft Lust, Computerspiele ....

3 In den sozialen Netzwerken ist es leicht, Kontakte ....

4 Viele Eltern verbieten ihren Kindern, viel Zeit im Netz ....

5 Man muss lernen, mit den neuen Medien ....

6 Schreiben Sie Sätze mit *zu* + Infinitiv zu den Bildern.

> eine App herunterladen • mit ihren Freundinnen chatten • ~~Computerspiele spielen~~ •
> mit Freunden zu Hause Filme sehen • Nachrichten im Internet sehen • Fotos posten

1 Melize hat keine Lust, *Computerspiele zu spielen* ....

2 Es macht Spaß, ...

3 Finn versucht seit Stunden, ...

4 Conni findet es wichtig, ...

5 Der Freund hat vergessen, ...

6 Wir haben vor ein paar Tagen angefangen, ...

7a *Nein, ich habe keine Lust, …* Ergänzen Sie die Antworten wie im Beispiel.

1 • Gehst du mit ins Kino? • *Nein, ich habe keine Lust, ins Kino zu gehen.*

2 • Schreibst du heute im Chat? • *Nein,*

3 • Schaust du den Film an? • *Nein,*

4 • Machst du ein Selfie? • *Nein,*

5 • Meldest du dich bei Facebook an? • *Nein,*

7b Hören Sie die Fragen und antworten Sie mit Ihren Antworten aus 7a.

7c Wie ist es bei Ihnen? Ergänzen Sie die Sätze.

1 • Was macht Ihnen Spaß? • Es macht mir Spaß,

2 • Was finden Sie wichtig? • Ich finde es wichtig,

3 • Was vergessen Sie nie? • Ich vergesse nie,

4 • Was versuchen Sie immer? • Ich versuche immer,

5 • Wofür haben Sie selten Zeit? • Ich habe selten Zeit,

8 Wiederholung. Infinitiv ohne *zu*: Modalverben und *lassen*. Schreiben Sie Sätze.

1 Frau Montano – lassen –ihren Enkel – nicht – am Computer – spielen

2 dürfen – nur eine Stunde pro Tag – ins Internet gehen – viele Jugendliche

3 wollen – kleine Kinder – oft – auch Computerspiele – spielen

4 müssen – die Handys – im Unterricht – ausschalten – Schüler

5 können – gut – umgehen – viele kleine Kinder – mit dem Computer

6 sollen – nicht so viel Zeit – Jugendliche – verbringen – im Internet

B Online einkaufen

9a Einkaufen im Internet: Vorteile und Nachteile. Lesen Sie und unterstreichen Sie die Vor- und Nachteile.

Im Internet einkaufen

Sina Behrends

Ich bin berufstätig und habe zwei kleine Kinder. Sie können sich vorstellen, dass ich wenig Zeit habe. Online-Shoppen ist für mich <u>sehr praktisch</u>. Ich kann abends, wenn die Kinder im Bett liegen, einfach von zu Hause aus einkaufen. Ich muss nicht am Samstagvormittag mit vielen anderen Menschen in die Geschäfte gehen. Das ist immer so stressig. Zu Hause kann ich mir die Sachen in Ruhe anschauen und auswählen.

Katja Akram

Ich finde es schade, dass so viele Leute nur noch im Internet einkaufen. Wie sollen <u>die kleinen Boutiquen</u> in der Innenstadt Geld verdienen? Ich habe Angst, dass sie <u>alle kaputtgehen</u>. Und dann werden die Innenstädte langweilig. Ich gehe gerne shoppen, ich gehe in verschiedene Geschäfte, schaue mir viele Dinge an und lasse mich beraten. Zwischendurch trinke ich einen Kaffee in einem netten Café. Das alles kann man beim Online-Shopping nicht. Ich finde, Einkaufen im Internet ist unpersönlich und langweilig. Ich hoffe, dass es auch in Zukunft noch kleine Boutiquen in der Innenstadt gibt.

9b Schreiben Sie Sätze wie im Beispiel (3 Vorteile, 3 Nachteile).

> *Ein Vorteil ist, dass Online-Shopping sehr praktisch ist.*
> *Ein Nachteil ist, dass die kleinen Boutiquen alle ...*

10 Was macht man zuerst, was macht man danach? Schreiben Sie Sätze wie im Beispiel.

1 das Passwort bestätigen – das Passwort eingeben

   Zuerst gibt man das Passwort ein, dann bestätigt man es.

2 zur Kasse gehen – Ware zum Warenkorb hinzufügen

3 eine Zahlungsmethode auswählen – die Ware auswählen

4 die Bestellung prüfen – die Bestellung abschicken

5 im Online-Shop suchen – den AGB zustimmen

6 das Produkt bestellen – das Produkt zurückschicken

C Umschulungen und Fortbildungen

11 **Lesen Sie die Situationen 1–4 und die Anzeigen A–F. Finden Sie für jede Situation die passende Anzeige. Für eine Aufgabe gibt es keine Lösung. Markieren Sie in diesem Fall ein x.**
DTZ

1 ☐ Frau Hilbrecht arbeitet als kaufmännische Angestellte in einer Computerfirma. Sie möchte sich fortbilden und in der Firma als Buchhalterin arbeiten.

2 ☐ Herr Stifter kann nicht mehr als Fahrer arbeiten, weil er Rückenprobleme hat. Er möchte eine Umschulung machen und im Büro arbeiten.

3 ☐ Frau Samaan ist Ärztin von Beruf. Sie möchte jetzt nach der Babypause wieder arbeiten und sucht eine Teilzeitstelle.

4 ☐ Herr Seng ist Mediendesigner und möchte sich weiterbilden. Er sucht interessante Angebote.

A

Buchhalter (m/w) gesucht

Ab dem 2.5. suchen wir für unsere Spedition eine/n erfahrene/n Buchhalter/in.

Wir bieten Ihnen:
→ einen Arbeitsvertrag mit guter Bezahlung
→ Weiterbildungsmöglichkeiten
→ eine freundliche Arbeitsatmosphäre

B

Erfolg mit *Weiterbildung*

Wir bieten Ihnen ein großes Angebot an Weiterbildungen im Bereich Gesundheit und Medizin. Fernkurse mit E-Learning, Seminare und staatlich anerkannte Weiterbildungen, zum Beispiel zum/zur
→ Ernährungsberater/in
→ Fachkraft in der häuslichen Pflege
→ Fitnesscoach

C

Kinderarztpraxis sucht Verstärkung

Für unser Team suchen wir zum nächstmöglichen Zeitpunkt eine /n Arzthelfer in Teilzeit oder als Mini-Job.

Wir bieten: ein nettes Team, vielseitige Aufgaben und gute Fortbildungsmöglichkeiten

Dr. Daniel West, Dr. Luka Brenk, Kinderärzte
Telefon: 0432 6830986

D

~ *Der E-Learning-Spezialist* ~

Weiterbildungsangebote im Bereich Wirtschaft:
▪ Geprüfte/r Buchhalter/in (15 Monate)

Voraussetzung ist eine mehrjährige Erfahrung im kaufmännischen Bereich.

PC-Voraussetzungen: *Standard-Multimedia-PC mit Windows und CD-ROM-Laufwerk*

Für weitere Informationen wenden Sie sich bitte an unser Beraterteam:
beraterteam@elearningspezialist.com

E

MT-Fernkurse Medienberufe

Grafik-Design, Multimedia-Design und digitale Fotografie sind innovative Berufsfelder. Nutzen Sie unser berufsbegleitendes Fernstudium und lernen Sie praxisnah und professionell einen neuen Beruf:
· Gepr. Medien-Designer/in PC und MAC
· Gepr. Foto-Designer/in PC und MAC

Informieren Sie sich unter **www.mt-fernkurse.com**

F

Kirsch-Institut

Sie brauchen eine Umschulung? Wir bieten Ihnen für jedes Ziel das passende Angebot.

Individuelle Beratung per Telefon oder Skype.
Frau Miller; Tel.: 0315-35842

D Eine moderne Liebesgeschichte

12 Wiederholung. Verben mit Präpositionen. Ergänzen Sie die Präposition.

1 • Mit wem hast du so lange geskypt?

• .... Mariem.

• Ich glaube, du hast dich .... sie verliebt.

• Ja, vielleicht. Ich unterhalte mich so gerne .... ihr und möchte am liebsten

.... ihr in den Urlaub fahren. Ich möchte immer .... sie da sein.

2 • Ärger dich doch nicht .... das schlechte Wetter.

• Doch, ich wollte mit Luisa ausgehen.

• Ach, du kannst es nicht ändern. Lach lieber .... Luisa zusammen .... deine schlechte Laune.

3 • Auf wen wartest du?   • .... die Lehrerin.

• Sprichst du mit ihr .... den Termin?   • Ja, du kannst dich .... mich verlassen.

13 Ergänzen Sie die Sätze mit der Präposition + *einander*.

Naomi und Ben sind Freunde. Sie sind immer .... da. Manchmal müssen

sie .... warten, weil beide unpünktlich sind. Dann ärgern sie sich

..........................., aber sie können auch .... lachen. Sie sprechen

viel .... und sie können sich .... verlassen.

14 Schreibtraining. Ergänzen Sie die Satzzeichen.

> , , , , , ? . . . .

Fehler +++ Fehler +++ Fehler

Lieber Amir

wie geht es dir Ich habe lange nicht geschrieben weil ich einen Online-Fortbildungskurs angefangen habe Ich habe überhaupt keine Zeit mehr Abends von 17 Uhr bis 24
Uhr arbeite ich im Restaurant Morgens stehe ich müde um 8 oder 9 Uhr auf und lerne
für den Kurs Ich hoffe dass ich danach eine bessere Stelle bekommen kann Die Arbeit
im Restaurant gefällt mir immer weniger Schreib mir bald und erzähle was du machst
Ich freue mich immer wenn ich von dir höre

Liebe Grüße

Jorge

15 **Lesen Sie den Artikel und beantworten Sie die Fragen.**

1 Was ist „zocken" und „daddeln"?
2 Wer spielt Computerspiele?
3 Was sind Teamspiele?
4 Was kann man bei der LoL-Weltmeisterschaft sehen?
5 Wo haben die Menschen das Finale gesehen?

Zocken und daddeln oder ernsthafter Sport?

- Computerspiele

Zocken oder daddeln so nennt man das Computerspielen oft. Am Anfang waren es mehr Männer als Frauen und mehr Jugendliche als Erwachsene, die regelmäßig Computerspiele gespielt haben. Heute sind Computerspiele in allen gesellschaftlichen Gruppen weit verbreitet. Schon für die Kleinsten gibt es lustige Computerspiele, auf dem Computer, auf dem Tablet oder auf dem Smartphone. Und auch Senioren, die sogenannten Silver-Gamer, haben Computerspiele entdeckt. Sie bevorzugen Lern- und Logikspiele oder Spiele zum Gedächtnistraining. Die größte Gruppe sind aber nach wie vor die männlichen Jugendlichen. Sie spielen häufig Teamspiele, in denen zwei oder mehr Mannschaften gegeneinander spielen.

Ebenso wie beim Fußball und bei anderen Sportarten kann man Computerspiele selbst spielen oder man kann sich Spiele von professionellen Spielern anschauen. Für das Computerspiel League of Legends (LoL) gibt es Ligen, ähnlich wie beim Fußball, in denen die Mannschaften gegeneinander spielen. Und natürlich gibt es auch Weltmeisterschaften, in denen die besten Teams der Welt sich miteinander messen. Das Finale der Weltmeisterschaft von League of Legends 2015 in Berlin hat mit fast 13000 Zuschauern in der Mercedes Benz-Arena stattgefunden. Weltweit haben viele Millionen Menschen diesen Wettkampf im Live-Stream gesehen und in Foren kommentiert.

16a 🔊 **Hören Sie das Interview und kreuzen Sie an: Richtig oder falsch?**
09

	R	F
1 Hannes würde gerne als Profi spielen.	☐	☐
2 Er findet die Strategie nicht so wichtig.	☐	☐
3 Er sieht gerne Spiele im Live-Stream.	☐	☐
4 Er meint, dass man sich beim Sport viel bewegen muss.	☐	☐

16b **Was ist Ihre Meinung? Sind Computerspiele Sport? Schreiben Sie, was dafür und was dagegen spricht.**

digital ....

TV-Paket, das, -e ....

posten ....

Selfie, das, -s ....

WLAN, das, Sg. ....

herunter}laden ....

A Die sozialen Netzwerke

Video, das, -s ....

an}schauen ....

süchtig ....

Medienwelt. die, Sg. ....

auf}wachsen ....

nutzen ....

Alltag, der, Sg. ....

ständig ....

aus}tauschen (sich) ....

verändern ....

kommunizieren ....

dabei ....

Videoportal, das, -e ....

Drittel, das, - ....

Gesprächsforum, das, - foren ....

Chat, der, -s ....

online sein ....

um}gehen (mit) ....

knüpfen (hier: Kontakte knüpfen) ....

Freude, die, Sg. ....

Spiele-App, die, -s ....

selbstverständlich ....

aus}schalten ....

Klavier, das, -e ....

B Online einkaufen

Auswahl, die, Sg. ....

Online-Shopping, das, Sg. ....

Online-Kauf, der, "-e ....

steigen ....

Internet-Nutzer/in, der/die, -/-nen ....

an}geben ....

Musik-CD, die, -s ....

elektronisch ....

Haushaltsgerät, das, -e ....

Netz, das, (hier: Internet) Sg. ....

Online-Ticket, das, -s ....

Hotelzimmer, das, - ....

Pflanze, die, -n ....

Wirtschaft, die, Sg. ....

Bestellung, die, -en ....

bewerten ....

Öffnungszeiten, Pl. ....

Produkt, das, -e ....

Ware, die, -n ....

zurück}schicken ....

positiv ....

negativ ....

an}fassen ....

persönlich ....

unzufrieden ....

Online-Geschäft, das, -e ....

Online-Anbieter, der, - ....

Internet-Einkauf, der, "-e .... erweitern ....

Online-Shop, der, -s .... erlernen ....

korrekt .... Form, die, -en ....

an}klicken .... E-Learning, das, Sg. ....

Allgemeine Geschäftsbedingungen .... Pflege, die, Sg. ....
(AGB), Pl.

E-Learning-Kurs, der, -e ....

Menge, die, -n .... Online-Chat, der, -s ....

bestätigen .... Zertifikat, das, -e ....

Zahlungsmethode, die, -n ....

Warenkorb, der, "-e .... ## D Eine moderne Liebesgeschichte

hinzu}fügen .... Liebesgeschichte, die, -n ....

Rückgaberecht, das, Sg. .... skypen ....

fest}stellen ....

C Umschulungen und Fortbildungen Natur, die, Sg. ....

Umschulung, die, -en .... verstehen (sich) ....

auswendig .... folgende ....

Arbeitstätigkeit, die, -en .... bestimmt sein (füreinander) ....

qualifizieren .... Skifahren, das, Sg. ....

1 **Welches Wort passt nicht? Streichen Sie das Wort.**

   1 ein Produkt   anklicken – feststellen – bewerten – zurückschicken
   2 ein Foto   posten – machen – herunterladen – ausschalten
   3 eine Umschulung   machen – beenden – lernen – beginnen

2 **Komposita. Ergänzen Sie die Wörter und den Plural.**

> Korb • Gerät • Zeiten • Methode • Recht • Forum

   1 das Haushalts....................   **4** das Rückgabe....................

   2 der Waren....................   **5** die Öffnungs....................

   3 die Zahlungs....................   **6** das Gesprächs....................

3 **Wörter hören und nachsprechen. Hören Sie zu und sprechen Sie nach.**

   1 die App – das WLAN – der Chat – Fotos posten – skypen
   2 das Online-Shopping – das Online-Ticket – das E-Learning
   3 füreinander – gegeneinander – miteinander

1 die Nachricht

2 das _____ spiel

3 das E-Learning

4 das W_____

5 _____ App, _____

6 der Bestell-Button

7 _____ -Shopping

8 das Online-B_____

9 die Spielkonsole

10 der _____

11 d_____ P_____

12 _____ -T_____

13 die Mediathek, _____

14 _____ E-_____

4 Ergänzen Sie die Wörter mit Artikel und Plural.

🔊 **5** Hören Sie die neuen Wörter und sprechen Sie nach.
11

6a Was passt zusammen? Ergänzen Sie die Nomen.

> schreiben • benutzen • herunterladen • hineinlegen (in + A) •
> teilnehmen (an + D) • bestätigen • einkaufen • bestellen • checken •
> drücken • machen • spielen • Filme sehen

6b Was machen Sie oft, manchmal, nie? Schreiben Sie Sätze mit den Verben aus 6a.

7 Hören Sie. Zu welchem Foto passt die Beschreibung? Ordnen Sie zu.

12

8a Wählen Sie ein Foto aus und notieren Sie Fragen zu dem Foto.

....

....

....

8b Arbeiten Sie zu zweit. Fragen und antworten Sie.

9 Wählen Sie ein Foto aus und sprechen Sie eine Minute über das Foto.

3 Der erste Eindruck

1 Ergänzen Sie die Adjektive.

> hilfsbereit • streng • nervös • verärgert • elegant

1 Er findet, dass seine Mitarbeiter schlecht arbeiten. Deshalb ist er ....

2 Meine Kollegen helfen mir oft. Sie sind sehr ....

3 Vor einem Bewerbungsgespräch sind viele Leute sehr ....

4 Unser Lehrer in der Berufsschule ist nett, aber ....

5 Herr Jankowski hat immer Kleidung an, die sehr .... ist.

2a Hören Sie das Gespräch. Über welches Bild sprechen Alexandra und Francesco? Kreuzen Sie an.

2b Hören Sie noch einmal. Wer sagt was? Ergänzen Sie: A = Alexandra, F = Francesco.

1 ☐ Der Mann wirkt genervt.
2 ☐ Die Frau macht einen engagierten Eindruck.
3 ☐ Die Arbeitsmethoden von den beiden sind nicht gleich.
4 ☐ Sie arbeiten nicht mehr lange zusammen.
5 ☐ Ich glaube, sie sind kein gutes Team.

2c Beschreiben Sie die Personen auf dem anderen Bild.

....

....

....

....

A Eine Firma stellt sich vor

3 **Wie heißen die Tätigkeiten? Ergänzen Sie.**

1 Eine A__ __z__b__ld__nd__ lernt einen Beruf, z. B. den Beruf

M__ch__ __ __ __n__ k__r__ __.

2 Ein M__sch__n__ __b__ __ __ng__n__ __ __r braucht ein Studium.

3 Er verdient nicht schlecht, denn er ist __bt__ __l__ngs__ __ __t__r. Über ihm ist nur

noch der G__sch__fts__ __hr__r.

4 **Ergänzen Sie die Endungen der Adjektive und kreuzen Sie an.**

	maskulin	feminin	neutral	bestimmt	unbestimmt
1 Heriton ist ein sehr alt.......... Unternehmen.	☐	☐	☒	☐	☒
2 Die Produkte haben einen ausgezeichnet.......... Ruf.	☐	☐	☐	☐	☐
3 Die neu.......... Fabrik ist im Norden der Stadt.	☐	☐	☐	☐	☐
4 Ich habe eine freundlich.......... Chefin.	☐	☐	☐	☐	☐
5 Ich suche einen interessant.......... Ausbildungsplatz.	☐	☐	☐	☐	☐
6 Mir gefällt das gut.......... Betriebsklima bei Heriton.	☐	☐	☐	☐	☐
7 Der neu.......... Betriebsrat hat sein Büro in Raum 5.	☐	☐	☐	☐	☐

5a **Wie heißen die Kleidungsstücke? Schreiben Sie die Wörter mit Artikel und Plural.**

....

....

....

....

.der Schuh, die Schuhe.

5b **Ergänzen Sie die Kleidungsstücke und wenn nötig die Endungen.**

Die Frau mit d.......... blau.......... .... heißt Ulla. Sie trägt ein.......... schwarz.......... Kleid,

das gut zu d.......... gelb.......... .... passt. Sie trägt auch ein.......... rot.......... .... und

grün.......... .... Der Mann mit d.......... grau.......... ...., d.......... weiß.......... ....,

B   Stellenanzeigen

6a Lesen Sie die Stellenanzeigen und hören Sie das Gespräch. Über welche Anzeigen sprechen Nadine und Herolind?

**Bäckerei am Bahnhof
sucht freundliche
Verkäufer/-in in Teilzeit.**
Arbeitszeit: 6.00-10.00
Uhr, Montag bis Freitag.
Bitte melden bei:
Tel. 0176 22 345 981

~
Kleines Taxiunternehmen **sucht Fahrer** (m/w)
für die Nachtschicht und
das Wochenende.

Taxi.frei@web.de

Für unseren Kiosk am Rathaus suchen wir Aushilfen
für Samstagnachmittag
von 14.00-19.00 Uhr.
Bitte melden bei Belal
Amiri Tel. 030 785 981 23

6b Hören Sie noch einmal und beantworten Sie die Fragen.

1 Welche Arbeit hatte Herolind früher? ....

2 Warum steht er nicht gerne früh auf? ....

3 Warum möchte Nadine nicht am Samstag arbeiten? ....

4 Wie lange hat sie als Aushilfe im Supermarkt gearbeitet? ....

7a Ergänzen Sie die Endungen.

---

a Nett........ Paar mit
sicher........ Arbeit sucht
schön........ 3- oder 4-
Zimmerwohnung mit
groß........ Küche und
hell........ Wohnzimmer

b Verkaufe fast neu........
Fahrrad für klein........ Kind
ab 3 Jahre.

c Freundlich........
Student sucht ruhig........
Zimmer.

d Heute im Angebot:
Frisch........ Obst,
spanisch........ Wein,
holländisch........ Tomaten.

e Suche modern........
Fernseher mit gut........
Bild.

f Café Zimmermann im
Stadtzentrum mit
groß........ Kuchenangebot.
Bei schön........ Wetter
bedienen wir Sie auf der
Terrasse.

7b Lesen Sie noch einmal. Welche Anzeige passt zu welcher Situation? Eine Anzeige passt zu keiner Situation!

1 ☐ Sie wollen Ihren Fernseher verkaufen.
2 ☐ Sie suchen einen Nachmieter für Ihre 3-Zimmer Wohnung.
3 ☐ Sie wollen im Supermarkt einkaufen.
4 ☐ Sie suchen ein Zimmer für vier Wochen im Stadtzentrum.
5 ☐ Ihr Sohn (4 Jahre) soll jetzt lernen, Fahrrad zu fahren.
6 ☐ Es ist Sonntagnachmittag, das Wetter ist gut. Sie wollen Kaffee trinken.

8 Ergänzen Sie die Kleinanzeigen. Die Wörter im Kasten helfen.

> gemeinsam • interessant • groß • zuverlässig • jung •
> braun • sympathisch • gelb • nett • freundlich • engagiert

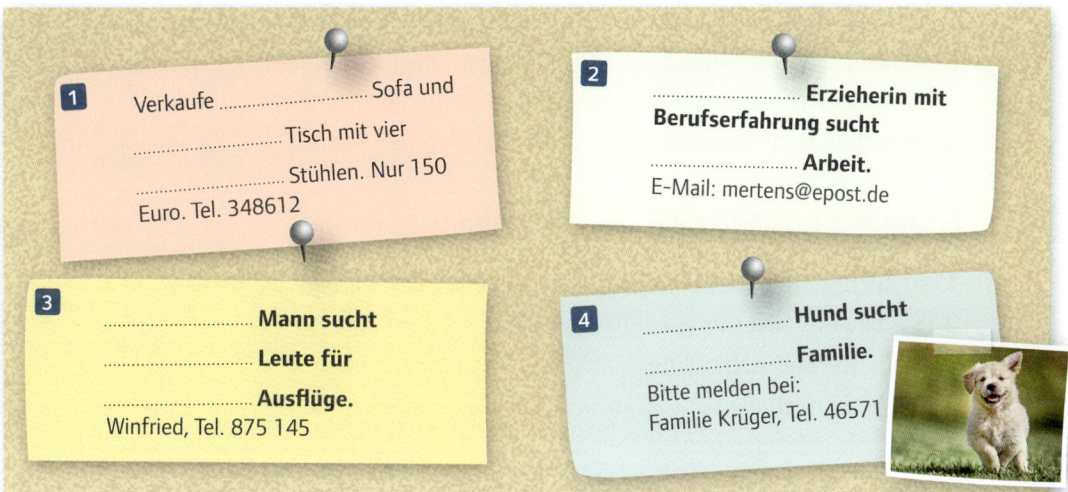

1 Verkaufe .... Sofa und
.... Tisch mit vier
.... Stühlen. Nur 150
Euro. Tel. 348612

2 .... Erzieherin mit
Berufserfahrung sucht
.... **Arbeit.**
E-Mail: mertens@epost.de

3 .... **Mann sucht**
.... **Leute für**
.... **Ausflüge.**
Winfried, Tel. 875 145

4 .... **Hund sucht**
.... **Familie.**
Bitte melden bei:
Familie Krüger, Tel. 46571

C Richtig bewerben

9a Bei Familie Ott. Schreiben Sie Sätze mit *damit*.

1 Herr Ott arbeitet Vollzeit. Frau Ott kann Teilzeit arbeiten.

....

2 Nachmittags geht Frau Ott zu ihrem Vater. Ihr Vater ist nicht so allein.

....

3 Der Sohn will einen guten Schulabschluss. Er findet später einen Ausbildungsplatz.

....

4 Die Eltern helfen ihrem Sohn bei den Hausaufgaben. Er bekommt gute Noten.

....

5 Die Tochter hat sich auf das Bewerbungsgespräch vorbereitet. Sie bekommt die Arbeit.

....

6 Sie fährt mit dem Auto zum Bewerbungsgespräch. Sie ist pünktlich in der Firma.

....

9b Drei Sätze aus 9a kann man auch mit *um … zu* + Infinitiv schreiben. Schreiben Sie diese
Sätze.

1 ....

2 ....

3 ....

10a Hören Sie das Gespräch. Was ist richtig?

Die Leute machen Deutschkurse für ☐ Anfänger ☐ Fortgeschrittene

10b Hören Sie das Gespräch noch einmal. Was passt zusammen? Verbinden Sie.

1 Rana lernt Deutsch,   **A** um mit anderen Eltern sprechen zu können.

2 Anastasia lernt Deutsch,   **B** um deutsche Zeitungen zu lesen.

3 Antonio lernt Deutsch,   **C** um schneller Kontakte zu finden.

4 Jonathan lernt Deutsch,   **D** um eine Deutschprüfung für ihr Studium zu machen.

11 Ergänzen Sie die Sätze mit *um…zu* + Infinitiv in Ihr Heft.

1 Er sucht eine neue Wohnung, … (nah am Arbeitsplatz – wohnen)

2 Sie bewirbt sich nur auf Teilzeitstellen, … (viel Freizeit – haben)

3 Sie bewerben sich online, … (Kosten – sparen)

4 Ich bilde mich weiter, … (im Beruf Erfolg – haben)

12 Schreiben Sie Sätze mit *um … zu* + Infinitiv.

1 aussehen – gut / vor dem Bewerbungsgespräch – zum Friseur – er – gehen

Um gut auszusehen, geht er vor dem Bewerbungsgespräch zum Friseur.

2 sich entspannen / sie – machen – Yoga – vor dem wichtigen Test

Sie

3 verstehen können – die Stellenanzeige / brauchen – ein Wörterbuch – ich

Um

13 Was mag Daniel nicht? Schreiben Sie Sätze mit *anstatt … zu* in Ihr Heft.

1 Er arbeitet lieber in der Natur, … (im Büro sitzen)

2 Er geht lieber in die Kantine, … (kochen)

3 Er benutzt in der Firma lieber die Treppe, … (fahren – mit dem Aufzug)

4 Er spricht mit seinen Kollegen aus Frankreich lieber Deutsch, … (lernen – Französisch)

14 Formulieren Sie die Sätze um.

1 Sie sucht nicht sofort eine Arbeit, sondern sie macht eine Reise.

Anstatt sofort eine Arbeit _____ , _____ eine Reise.

2 Anstatt seinen Kollegen anzurufen, geht er direkt zu ihm.

Er _____ seinen Kollegen nicht _____ , sondern _____ _____ direkt zu ihm.

3 Er benutzt nicht den Geldautomaten, sondern er hebt an der Kasse Geld ab.

Anstatt _____ , _____

4 Anstatt am Montag in die Firma zu kommen, gehen die Auszubildenden in die Schule.

Die Auszubildenden _____ am Montag _____ ,

_____ .

15 Was macht Frau Neth? Schreiben Sie Sätze mit *nicht … sondern* und mit *anstatt … zu*.

1 *Sie isst nicht in der Kantine, sondern sie isst im Büro. Anstatt …*

16a Was macht Herr Ehrlicher in seiner Freizeit? Ergänzen Sie die Sätze mit *um … zu*.

1 Er geht immer früh ins Bett,
(morgens – nicht müde sein) *um morgens nicht müde zu sein*

2 Er macht einen Yogakurs,
(sich entspannen)

16b Ergänzen Sie die Sätze mit *anstatt … zu*.

1 Er liest Zeitungen lieber im Internet,
(kaufen – sie im Laden)

2 Er besucht seine Eltern lieber allein,
(kommen – mit seiner Frau)

16c Ergänzen Sie die Sätze mit *nicht … sondern*.

1 Er geht nicht spazieren,
(eine Radtour - machen) *sondern er macht eine Radtour.*

2 Er fährt nicht in Urlaub,
(zu Hause – bleiben)

3 Er ist nicht im Büro,
(besuchen – Kunden)

17 Was machen Sie? Schreiben Sie drei Sätze.

Ich , *um*

Ich , *anstatt*

Ich , *sondern*

18 Lesen Sie den Text und beantworten Sie die Fragen in Ihrem Heft.

Tipps für die Kleidung beim Bewerbungsgespräch

Personalberater Nussbaum gibt Tipps für die richtige Kleidung

Es gibt für die Kleidung beim Bewerbungsgespräch keine klaren Regeln; aber es ist gut, wenn man einige Dinge beachtet, denn die Kleidung ist für den ersten Eindruck sehr wichtig. Ein Bewerber oder eine Bewerberin wirkt sympathischer, wenn er oder sie gepflegt aussieht. Und man zeigt so auch, dass man an der Stelle interessiert ist. Das heißt zum Beispiel auch, dass Hem-den gebügelt sein sollten und die Farben der Kleidung, zum Beispiel von Hemd und Hose, zueinander passen sollten. Männer müssen aber nicht immer Anzug und Krawatte und Frauen müssen nicht immer einen Hosenanzug tragen. Die Kleidung muss zu der Stelle passen. Wenn man sich als Hausmeister oder als Reinigungskraft bewirbt, passt eine Krawatte nicht so gut. Aber wenn man zum Beispiel Verkäufer oder Verkäuferin in einem eleganten Modegeschäft ist, kann eine Krawatte, die natürlich auch gut zur übrigen Kleidung passen muss, für den Mann sehr wichtig sein. Außerdem sollte man im Sommer, wenn es sehr heiß ist, bei einem Bewerbungsgespräch keine kurzen Hosen tragen. Das macht einen schlechten Eindruck.

– 2 –

1 Warum ist die Kleidung bei Bewerbungsgesprächen wichtig?
2 In welchen Berufen ist elegante Kleidung in Bewerbungsgesprächen nicht so wichtig?
3 In welchen Berufen ist elegante Kleidung wichtig?
4 Was sollte man auch an warmen Sommertagen nicht tragen?

19 Schreibtraining. Herr Spieß bewirbt sich bei der Firma Lohmeyer. Verbinden Sie die Sätze wie im Beispiel und schreiben Sie den Text in Ihr Heft.

Herr Spieß hat eine Stellenanzeige von der Firma Lohmeyer gelesen. (und)
Er hat sich bei der Firma beworben. (denn)
Das Stellenangebot war interessant.
Die Firma wollte eine Online-Bewerbung. (Deshalb)
Er hat die Bewerbungsunterlagen als PDF-Dateien geschickt.
Er hat sich gut über die Firma informiert. (weil)
Die Firma hat ihn zu einem Gespräch eingeladen.
Das Bewerbungsgespräch war gut. (aber)
Er hat leider eine Absage bekommen.

> *Herr Spieß hat eine Stellenanzeige von der Firma Lohmeyer gelesen und sich bei der Firma beworben, denn...*

20a Lesen Sie die Texte. Was ist das Thema? Kreuzen Sie an.

Die Leute diskutieren darüber,

A ☐ wie man Beruf und Familie vereinbaren kann.

B ☐ ob es sich lohnt, für eine neue Arbeit den Wohnort zu wechseln.

Beruf – Karriere – Mobilität –
Das Diskussionsforum für alle, die die Stelle wechseln wollen.

Flo 19.04. – 16:10: Hallo Leute,
ich melde mich heute hier, weil ich eine schwierige Entscheidung treffen muss: Ich habe ein tolles Jobangebot von einer Firma in München bekommen. Ich kann dort viel mehr Geld verdienen. Auch habe ich dort sehr gute Chancen aufzusteigen. Aber leider muss ich für den Job von Frankfurt nach München umziehen. Vor einem Jahr haben meine Frau und ich ein Haus in Frankfurt gekauft. Außerdem ist der Schulwechsel für unsere Kinder sicher nicht leicht, und meine Frau hat hier in Frankfurt eine Arbeitsstelle. Sie will nicht nach München umziehen, denn sie sieht für sich und die Kinder nur Nachteile. Wer kennt diese Situation? Was soll ich machen?
Gruß, Florian Welte

➡ AW: Flo **Am_Bra** 19.04. – 19:10: Hallo Florian,
mein Mann und ich sind vor einigen Monaten von Bochum nach Rostock umgezogen, weil ich dort eine sehr gute Stelle als Abteilungsleiterin in einem Möbelhaus bekommen habe. Das war für meinen Mann nicht leicht. Denn er musste seine Stelle kündigen und war dann drei Monate arbeitslos. Zum Glück habe ich genug für uns beide verdient. Du musst also überlegen, ob du wirklich mit der ganzen Familie umziehen solltest. Vielleicht ist es besser, wenn ihr weiter in Frankfurt wohnt und du nur von Montag bis Freitag nach München fährst.
Grüße, Amelie

➡ AW: Flo **Marqü69** 20.04. – 08:15: Grüß dich Florian,
ich habe einen anderen Tipp für dich als Amelie. Wenn du immer zwischen Frankfurt und München hin- und herfährst, also pendelst, bist du vielleicht zu oft von deiner Familie getrennt. Ich kann deine Frau gut verstehen. Außerdem ist es nicht sicher, dass ihr in München wirklich mehr Geld habt. Der Umzug wird teuer und deine Frau findet vielleicht nicht so schnell eine neue Stelle. Ich schlage vor, dass du nicht nach München gehst und deine Stelle in Frankfurt behältst. Sicher kannst du auch in Frankfurt oder Umgebung ein gutes Angebot bekommen. Du solltest Geduld haben. Auch ich hatte mal ein sehr gutes Jobangebot aus einer anderen Stadt, aber ich habe meinen alten Job behalten, weil das mehr Vorteile hatte.
Fernando Marquez

20b Lesen Sie noch einmal und korrigieren Sie die falschen Aussagen.

1 Florian will in München ein Haus kaufen.
2 Florians Frau meint, dass der Job in München viele Vorteile hat.
3 Amelie verdient jetzt weniger als ihr Mann.
4 Amelie gibt Florian den Rat, nach München umzuziehen.
5 Fernando gibt Florian den Rat zu pendeln.
6 Fernando glaubt nicht, dass Florian auch in Frankfurt einen neuen Job finden kann.

> *Fernando hat in Frankfurt ein Haus, aber er will in München kein Haus kaufen.*

20c Was raten Sie Florian Welte? Schreiben Sie drei Sätze in Ihr Heft.

wütend ....

verärgert ....

gepflegt ....

desinteressiert ....

nervös ....

angemessen ....

unangemessen ....

wirken ....

A Eine Firma stellt sich vor

Unternehmen, das - ....

Fabrik, die -en ....

Hauptsitz, der -e ....

bekannt ....

herstellen ....

produzieren ....

exportieren ....

Umsatz, der "-e ....

betragen ....

Markt, der "-e ....

ein ausgezeichneter Ruf ....

Zukunft, die, Sg. ....

optimistisch ....

Betriebsklima, das Sg. ....

wirtschaftlich ....

kaufmännisch ....

Mechatroniker/in, der/die
-/-nen ....

Mechaniker/in, der/die
-/-nen ....

Geschäftsführer/in, der/die
-/-nen

Kundenbetreuer/in, der/die
-/-nen ....

Auszubildende, der/die -n ....

Ausbildungsplatz, der "-e ....

aus}bilden ....

B Stellenanzeigen

Stellenanzeige, die -n ....

Festanstellung, die -en ....

Sozialleistung, die -en ....

überdurchschnittlich ....

Arbeitsatmosphäre, die Sg. ....

attraktiv ....

C Richtig bewerben

Online-Bewerbung, die -en ....

scannen ....

ab}schicken ....

achten (auf) ....

Bewerbungsmappe, die -n ....

lückenlos ....

übersichtlich ....

versenden ....

an}hängen ....

Datei, die en ....

Kosten sparen ....

Briefmarke, die -n ....

Absage, die -n ....

Betreffzeile, die -n ....

Formulierung, die -en ....

der formelle Stil ....

Bewerbungstraining, das -s ....

PLUSPUNKT DEUTSCH
Leben in Deutschland

ARBEITSBUCH TEILBAND 1

B1.1

22000.2042

Cornelsen

Lösungen

1 Frauen – Männer – Familien

1

1 D – **2** C – **3** B – **4** A

2

Beispiel:

Ich habe ein enges Verhältnis zu meinen Eltern, zu meinem Bruder und zu meinem besten Freund. Mit meinen Verwandten spreche ich zum Beispiel über meine Arbeit oder über meine Wünsche und Träume. Ich treffe mich oft mit meinen Verwandten. Wir kochen und essen zusammen. Wir gehen zusammen ins Café oder ins Restaurant. Manchmal gehen wir zusammen ins Kino oder zu einem Konzert.

3

Generationen – Dach – Vorteile – Meinungen – Streit – Erziehung – Regeln – Großfamilie – Plan – Gartenarbeit – Hausputz – Pflichten

4a

Richtig: 1
Falsch: 2, 3 und 4

4b

1 D – **2** A – **3** B – **4** C

4c

Obwohl sie Holger immer noch mag, wollen sie nicht mehr zusammen wohnen. – Obwohl die Kinder nicht bei Holger wohnen, sieht er sie oft. – Obwohl die Kinder bei Alicia wohnen, kann sie in Vollzeit arbeiten. – Obwohl die Eltern von Holger oft Streit haben, bleiben sie zusammen.

5a

1 Der Zug hatte Verspätung, trotzdem bin ich pünktlich zu dem Termin gekommen. – **2** Der Fernseher ist schon sehr alt, trotzdem ist er immer noch sehr gut. – **3** Ich bin etwas erschöpft, trotzdem will ich heute Abend zum Sport gehen.

5b

1 Du gehst zur Arbeit, obwohl du eine starke Erkältung hast? – **2** Obwohl sie nur wenig Geld haben, fahren sie ein großes Auto. – **3** Ich lebe gern hier, obwohl ich es im Winter sehr kalt finde.

5c

2 Der Fernseher ist schon sehr alt, aber er ist immer noch sehr gut. – **3** Ich bin etwas erschöpft, aber ich will heute Abend zum Sport gehen. – **4** Du gehst zur Arbeit, aber du hast eine starke Erkältung. – **5** Sie haben nur wenig Geld, aber sie fahren ein großes Auto. – **6** Ich lebe gern hier, aber ich finde es im Winter hier sehr kalt.

6

1 obwohl, weil – **2** weil, obwohl – **3** obwohl, weil

7

1 Trotzdem geht er spät schlafen. – **2** Obwohl in ihrem Regal viele Bücher stehen, liest sie nur selten. – **3** Ich habe Lisa nicht vergessen, obwohl ich sie lange nicht gesehen habe. – **4** Trotzdem hat sie noch nie eine Hafenrundfahrt gemacht.

8

1 Betreuungsmöglichkeiten, Kinderbetreuung – **2** Ehepaar – **3** Erwerbstätigkeit, Vollzeit – **4** Mutterschutzgesetz – **5** Freundeskreis – **6** Wohnsituation

9

1 der, zum, den – **2** dem, den – **3** von – **4** der, im, einem, meinen

10

	Nominativ	Akkusativ	Dativ	Genitiv
m	der/ein	den/einen	dem/einem	des/eines
n	das/ein	das/ein	dem/einem	des/eines
f	die/eine	die/eine	der/einer	der/einer
Pl.	die/-	die/-	den/-	der/-

11

1 des Schülers/der Schülerin/der Schüler – **2** des Lehrers/der Lehrerin – **3** des Schuljahres – **4** der Eltern

12

1 während des Essens – **2** innerhalb dieser Räume – **3** außerhalb des Parks – **4** wegen des Wetters

13

während eines Familienfestes – meiner Schwiegereltern – meines Bruders – meiner Schwester – meines Schwiegervaters – meiner Schwiegermutter

14

2 Die Tante meines Sohnes ist meine Schwester oder meine Schwägerin. – **3** Die Tochter meines Vaters ist meine Schwester. – **4** Die Schwiegermutter meines Ehemannes ist meine Mutter. – **5** Die Schwester meiner Ehefrau ist meine Schwägerin.

15a

2 D – **3** F – **4** B – **5** C – **6** A

15b

Beispiel:

Ich bügle die Wäsche und hänge die Kleidung auf. Nach dem Essen müssen wir die Spülmaschine einräumen. Am Wochenende putzen wir unsere Wohnung.

16

1 D – **2** A – **3** B – **4** C

18a

1 Deshalb heiraten sie erst mit 30. Weil für viele Leute der Beruf sehr wichtig ist, heiraten sie erst mit 30. – **2** Ich ärgere mich, weil du die Aufgaben nicht erledigt hast. Du hast die Aufgaben nicht erledigt. Deshalb ärgere ich mich. – **3** Familie Löper hat Regeln. Deshalb funktioniert das Zusammenleben gut. Das Zusammenleben funktioniert gut, weil Familie Löper Regeln hat.

18b

1 Viele Leute heiraten erst mit 30, denn ihnen ist der Beruf sehr wichtig. – **2** Ich ärgere mich, denn du hast die Aufgaben nicht erledigt. – **3** Das Zusammenleben funktioniert gut, denn Familie Löper hat Regeln.

19

Beispiel:

1 Deshalb gehe ich/geht er/sie ins Schwimmbad. – **2** Deshalb packt sie den Koffer. – **3** Deshalb sind die Kinder im Kindergarten. – **4** Deshalb kocht er.

20

1 Deshalb schreibe ich Bewerbungen. – **2** Deshalb besuche ich einen Sprachkurs an der VHS. – **3** Deshalb benutze ich ein Wörterbuch. – **4** Deshalb informiere ich mich im Internet über Kurse. – **5** Deshalb bügle ich meine Kleidung.

21

1 Chancen – **2** Rolle, Haushalt – **3** Hausmann – **4** Gleichberechtigung, Grundgesetz

22a

- Alle sagen, dass man die Aufgaben in Ehe und Familie teilen sollte, aber oft ist es wie früher.
- Wie meinen Sie das, Herr Tito?
- Ich beobachte, dass in vielen Familien die Frauen zu Hause bleiben und die Männer das Geld verdienen.
- Ich stimme Ihnen nicht zu. Bei uns zum Beispiel ist das anders. Mein Mann und ich arbeiten beide, und wir kümmern uns gemeinsam um die Kinder und den Haushalt.
- Ich glaube, Familien wie Ihre gibt es nur selten.
- Das sehe ich anders. Ich kenne sehr viele Partnerschaften, in denen es so ist wie bei uns.

22b

Richtig: 2 und 3
Falsch: 1

23a

Hallo Juan,
ich habe die Wäsche schon gebügelt und in den Schrank gelegt. Den Müll habe ich schon weggebracht.
Kannst du noch die Spülmaschine ausräumen?
Grüße Natalia

23b

Beispiel:

Hallo Anita,
ich habe schon das Schlafzimmer aufgeräumt und die Wäsche aufgehängt. Kannst du bitte noch das Wohnzimmer saugen?
Gruß Martin

Deutsch Plus

24a

Wie lange kann man Elternzeit nehmen? – Welche Fristen muss man beachten? – Wer kann Elternzeit nehmen? – Kündigungsschutz – Rückkehr an den Arbeitsplatz – Elterngeld

24b

Richtig: 1, 2, 3, und 6
Falsch: 4 und 5

Wichtige Wörter

1

1 Familienleben – **2** Familienstand – **3** Großfamilie – **4** Patchworkfamilie

3a

Foto 1: Fest, Weihnachten, Großeltern, Eltern, Kinder, Tisch, Wohnzimmer
Foto 2: alt und jung, gewinnen, verlieren, Spaß haben, lachen
Foto 3: Mutter, Tochter, traurig, Probleme haben
Foto 4: Familie, Großeltern, Enkel, vorlesen, anschauen, Garten, Sommer

3b

Beispiel:

Auf dem Foto 4 sieht man Großeltern und ihre Enkel. Sie sitzen auf einer Bank im Garten. Es ist Sommer und die Sonne scheint. Die Großmutter liest etwas vor. Alle schauen auf das Tablet. Sie lachen.

Lösungen

4a

Foto 5: Familie, Wohnzimmer, putzen, staubsaugen, aufräumen – **Foto 6:** Mann, Frau, Wäsche waschen, Waschmaschine – **Foto 7:** Mutter, Kinder, Garten, Wäsche aufhängen, Sommer – **Foto 8:** Supermarkt, Mutter, Kinder, Äpfel, einkaufen

2 Die digitale Welt

1
1 Display (Monitor) – **2** Tablet – **3** checken – **4** Drucker – **5** App – **6** digitale

2
Richtig: 1, 2, 5 und 6
Falsch: 3 und 4

3
1 F – **2** C

4
1 71 Millionen/ unterwegs online sein/ 50 Prozent nutzt mobiles Internet – **2** alle Altersgruppen/ Kinder, 20-30 Jährige und Senioren – **3** soziale Netzwerke/ Online-Shopping/ Online-Videospiele – **4** Online-Banking/ private E-Mails schreiben/ Gesundheitstipps recherchieren

Beispiel:
1 Mehr als 71 Millionen Menschen nutzen das Internet in Deutschland. 50 Prozent will unterwegs online sein und nutzt mobiles Internet. – **2** Es sind alle Altersgruppen, besonders die 20- bis 30-Jährigen, aber auch Kinder und Senioren. – **3** Sie sind besonders viel in sozialen Netzwerken unterwegs, Online-Shopping und Online-Videospiele sind für sie sehr wichtig. – **4** Senioren machen gerne Online-Banking, schreiben private E-Mails und recherchieren oft Gesundheitstipps im Internet.

5a
2 D – **3** F – **4** I – **5** E – **6** A – **7** H – **8** G – **9** C

5b
1 zu posten – **2** zu spielen – **3** zu knüpfen – **4** zu verbringen – **5** umzugehen

6
1 Melize hat keine Lust, Computerspiele zu spielen.
2 Es macht Spaß, mit Freunden zu Hause Filme zu sehen.
3 Finn versucht seit Stunden, eine App herunterzuladen.
4 Conni findet es wichtig, mit ihren Freundinnen zu chatten.
5 Der Freund hat vergessen, Fotos zu posten.
6 Wir haben vor ein paar Tagen angefangen, Nachrichten im Internet zu sehen.

7a
2 Nein, ich habe keine Lust, heute im Chat zu schreiben. – **3** Nein, ich habe keine Lust, den Film anzuschauen. – **4** Nein, ich habe keine Lust, ein Selfie zu machen. – **5** Nein, ich habe keine Lust, mich bei Facebook anzumelden.

7c
Beispiel:
1 Es macht mir Spaß, meine Fotos mit Freunden zu teilen. – **2** Ich finde es wichtig, mit meinen Freunden immer im Kontakt zu bleiben. – **3** Ich vergesse nie, meine Mails zu checken. – **4** Ich versuche immer, nicht so viel Zeit im Internet zu verbringen. – **5** Ich habe selten Zeit, Computerspiele zu spielen.

8
1 Frau Montano lässt ihren Enkel nicht am Computer spielen. – **2** Viele Jugendliche dürfen nur eine Stunde pro Tag ins Internet gehen. – **3** Kleine Kinder wollen oft auch Computerspiele spielen. – **4** Schüler müssen die Handys im Unterricht ausschalten. – **5** Viele kleine Kinder können mit dem Computer gut umgehen. – **6** Jugendliche sollen nicht so viel Zeit im Internet verbringen.

9a
Vorteile: sehr praktisch/ von zu Hause einkaufen/ muss nicht am Samstagvormittag mit vielen anderen Menschen in die Geschäfte gehen/ zu Hause die Sachen in Ruhe anschauen und auswählen
Nachteile: wie sollen die kleinen Boutiquen Geld verdienen/ alle kaputtgehen/ Innenstädte werden langweilig/ Einkaufen im Internet ist unpersönlich und langweilig

9b
Beispiel:
Vorteile: 0 Ein Vorteil ist, dass Online-Shopping sehr praktisch ist. – **1** Ein Vorteil ist, dass man alles von zu Hause aus einkaufen kann. – **2** Ein Vorteil ist, dass Online-Shopping nicht so stressig ist. – **3** Ein Vorteil ist, dass man die Sachen in Ruhe auswählen kann.

Nachteile: 0 Ein Nachteil ist, dass die kleinen Boutiquen alle kaputtgehen. – **1** Ein Nachteil ist, dass die Innenstädte langweilig werden. – **2** Ein Nachteil ist, dass man keine Beratung bekommen kann. – **3** Ein Nachteil ist, dass Online-Shopping unpersönlich ist.

10

2 Zuerst fügt man Ware zum Warenkorb hinzu, dann geht man zur Kasse. – **3** Zuerst wählt man die Ware aus, dann wählt man eine Zahlungsmethode aus. – **4** Zuerst prüft man die Bestellung, dann schickt man sie ab. – **5** Zuerst sucht man im Online-Shop, dann stimmt man den AGB zu. – **6** Zuerst bestellt man das Produkt, dann schickt man es zurück.

11

1 D – **2** F – **3** x – **4** E

12

1 mit, in, mit, mit, für – **2** über, mit, über – **3** auf, über, auf

13

füreinander, aufeinander, übereinander, miteinander, miteinander, aufeinander

14

Lieber Amir,

wie geht es dir? Ich habe lange nicht geschrieben, weil ich einen Online-Fortbildungskurs angefangen habe. Ich habe überhaupt keine Zeit mehr. Abends von 17 Uhr bis 24 Uhr arbeite ich im Restaurant. Morgens stehe ich müde um 8 oder 9 Uhr auf und lerne für den Kurs. Ich hoffe, dass ich danach eine bessere Stelle bekommen kann. Die Arbeit im Restaurant gefällt mir immer weniger. Schreib mir bald und erzähle, was du machst. Ich freue mich immer, wenn ich von dir höre.

Liebe Grüße
Jorge

Deutsch Plus

15

1 Es bedeutet das Computerspielen. – **2** Computerspiele spielt man in allen gesellschaftlichen Gruppen, z. B. Kinder, Senioren oder Jugendliche. – **3** Teamspiele sind Spiele, in denen zwei oder mehr Mannschaften gegeneinander spielen. – **4** Bei der LoL-Weltmeisterschaft kann man sehen, wie die besten Teams der Welt sich miteinander messen. – **5** Das Finale haben die Menschen in Berlin gesehen.

16a

Richtig: 1 und 3
Falsch: 2 und 4

Wichtige Wörter

1

1 anklicken - ~~feststellen~~ - bewerten - zurückschicken – **2** posten - machen - herunterladen - ~~ausschalten~~ – **3** machen - beenden - ~~lernen~~ - beginnen

2

1 das Haushaltsgerät, die Haushaltsgeräte – **2** der Warenkorb, die Warenkörbe – **3** die Zahlungsmethode, die Zahlungsmethoden – **4** das Rückgaberecht – **5** die Öffnungszeiten – **6** das Gesprächsforum, die Gesprächsforen

4

1 die Nachricht, die Nachrichten – **2** das Computerspiel, die Computerspiele – **3** das E-Learning – **4** das WLAN – **5** die App, die Apps – **6** der Bestell-Button – **7** das Online-Shopping – **8** das Online-Banking – **9** die Spielkonsole, die Spielkonsolen – **10** der Warenkorb, die Warenkörbe – **11** das Passwort, die Passwörter – **12** das Online-Ticket, die Online-Tickets – **13** die Mediathek, die Mediatheken – **14** die E-Mail, die E-Mails

6a

Beispiel:

eine E-Mail schreiben, das Passwort benutzen, die App herunterladen, in Warenkorb hineinlegen, am Forum teilnehmen, den Einkauf bestätigen, im Online-Shop einkaufen, E-Mails checken, das Online-Ticket bestellen, Computerspiele spielen

6b

Beispiel:

Auf der Arbeit schreibe ich oft E-Mails.
Manchmal lade ich die Apps herunter.
Ich spiele nie Computerspiele.

7

D

8a

Beispiel:

Foto C: Wer sind die Personen auf dem Foto? Was machen sie? Wo befinden sie sich?

Lösungen

9

Beispiel:

Auf dem Foto C sind eine ältere Frau und ein junges Mädchen. Vielleicht sind diese Personen eine Familie, die ältere Frau könnte die Großmutter sein und das junge Mädchen die Enkelin. Die Großmutter arbeitet am Laptop und die Enkelin erklärt ihr etwas dabei. Die beiden scheinen einander gut zu verstehen und miteinander Spaß zu haben.

3 Der erste Eindruck

1

1 verärgert – **2** hilfsbereit – **3** nervös – **4** streng – **5** elegant

2a

Bild A

2b

Alexandra: 1, 2 und 4
Francesco: 3 und 5

2c

Beispiel (Bild B):

Der Mann und die Frau wirken sehr verärgert. Sie streiten und können nicht mehr zusammen arbeiten.

3

1 Auszubildende, Mechatronikerin – **2** Maschinenbauingenieur – **3** Abteilungsleiter, Geschäftsführer

4

1 altes (neutral, unbestimmt) – **2** ausgezeichneten (maskulin, unbestimmt) – **3** neue (feminin, bestimmt) – **4** freundliche (feminin, unbestimmt) – **5** interessanten (maskulin, unbestimmt) – **6** gute (neutral, bestimmt) – **7** neue (maskulin, bestimmt)

5a

Frau: das Kleid/die Kleider – die Bluse/die Blusen – der Schuh/die Schuhe – die Jacke/die Jacken – die Tasche/die Taschen
Mann: der Anzug/die Anzüge – das Hemd/die Hemden – die Krawatte/die Krawatten – der Schuh/die Schuhe – der Mantel/die Mäntel

5b

der blauen Tasche, ein schwarzes Kleid, der gelben Bluse, eine rote Jacke, grüne Schuhe; dem grauen Anzug, dem weißen Hemd, der blauen Krawatte, einen braunen Mantel

6a

Sie sprechen über die Bäckerei am Bahnhof und den Kiosk am Rathaus.

6b

1 Er hat als Fahrer für eine Wäscherei gearbeitet. – **2** Im Moment lernt er bis spät Abend für sein Studium. – **3** Am Samstagabend möchte sie gerne ausgehen. –

4 Sie hat sechs Monate als Aushilfe gearbeitet.

7a

a Nettes, sicherer, schöne, großer, hellem – **b** neues, kleines – **c** Freundlicher, ruhiges – **d** Frisches, spanischer, holländischer – **e** modernen, gutem – **f** großem, schönem

7b

1 e – **2** a – **3** d – **4** (-) – **5** b – **6** f

8

1 braunes, großen, gelben – **2** Engagierte, interessante – **3** Netter, sympathische, gemeinsame – **4** Junger, freundliche

9a

1 Herr Ott arbeitet Vollzeit, damit Frau Ott Teilzeit arbeiten kann. – **2** Damit ihr Vater nicht so allein ist, geht Frau Ott nachmittags zu ihrem Vater. – **3** Der Sohn will einen guten Schulabschluss, damit er später einen Ausbildungsplatz findet. – **4** Damit er gute Noten bekommt, helfen die Eltern ihrem Sohn bei den Hausaufgaben. – **5** Die Tochter hat sich auf das Bewerbungsgespräch vorbereitet, damit sie die Arbeit bekommt. – **6** Damit sie pünktlich in der Firma ist, fährt sie mit dem Auto zum Bewerbungsgespräch.

9b

1 Der Sohn will einen guten Schulabschluss, um später einen Ausbildungsplatz zu finden. – **2** Die Tochter hat sich auf das Bewerbungsgespräch vorbereitet, um die Arbeit zu bekommen. – **3** Sie fährt mit dem Auto zum Bewerbungsgespräch, um pünktlich in der Firma zu sein.

10a

Sie machen Deutschkurse für Fortgeschrittene.

10b

1 D – **2** A – **3** B – **4** C

11

1 Er sucht eine neue Wohnung, um nah am Arbeitsplatz zu wohnen. – **2** Sie bewirbt sich nur auf Teilzeitstellen, um viel Freizeit zu haben. – **3** Sie bewerben sich online, um Kosten zu sparen. – **4** Ich bilde mich weiter, um im Beruf Erfolg zu haben.

12

2 Sie macht vor dem wichtigen Test Yoga, um sich zu entspannen. – **3** Um die Stellenanzeige verstehen zu können, brauche ich ein Wörterbuch.

13

1 Er arbeitet lieber in der Natur, anstatt im Büro zu sitzen. – **2** Er geht lieber in die Kantine, anstatt zu kochen. – **3** Er benutzt in der Firma lieber die Treppe, anstatt mit dem Aufzug zu fahren. – **4** Er spricht mit seinen Kollegen aus Frankreich lieber Deutsch, anstatt Französisch zu lernen.

14

1 Anstatt nach der Schule sofort eine Arbeit zu suchen, macht sie eine Reise. – **2** Er ruft seinen Kollegen nicht an, sondern er geht direkt zu ihm. – **3** Anstatt den Geldautomaten zu benutzen, hebt er an der Kasse Geld ab. – **4** Die Auszubildenden gehen am Montag nicht in die Firma, sondern sie gehen in die Schule.

15

1 Anstatt in der Kantine zu essen, isst Frau Arnold im Büro. – **2** Frau Arnold fährt nicht mit dem Bus, sondern sie fährt mit dem Fahrrad. / Anstatt mit dem Bus zu fahren, fährt Frau Arnold mit dem Fahrrad. – **3** Sie schwimmt nicht, sondern sie joggt. /Anstatt zu schwimmen, joggt Frau Arnold.

16a

2 Er macht einen Yogakurs, um sich zu entspannen.

16b

1 Er liest Zeitungen lieber im Internet, anstatt sie im Laden zu kaufen. – **2** Er besucht seine Eltern lieber allein, anstatt mit seiner Frau zu kommen.

16c

2 Er fährt nicht in Urlaub, sondern er bleibt zu Hause. – **3** Er ist nicht im Büro, sondern er besucht Kunden.

17

Beispiel:

Ich rufe in der Arztpraxis an, um einen Termin zu bekommen. – Ich gehe lieber zu Fuß zur Arbeit, anstatt mit dem Auto zu fahren. – Ich gehe nicht ins Kino, sondern ich treffe meine Freunde im Café.

18

Beispiel:

1 Die Kleidung hilft, einen ersten guten Eindruck zu machen. – **2** Wenn man sich als Reinigungskraft bewirbt. – **3** Wenn man sich als Verkäufer oder Verkäuferin in einem eleganten Modegeschäft bewirbt. – **4** Man sollte keine kurzen Hosen tragen.

19

Herr Spieß hat eine Stellenanzeige von der Firma Lohmeyer gelesen und hat sich bei der Firma beworben, denn das Stellenangebot interessant war. Die Firma wollte eine Online-Bewerbung. Deshalb hat er die Bewerbungsunterlagen als pdf-Datei geschickt. Er hat sich gut über die Firma informiert, weil die Firma ihn zu einem Gespräch eingeladen hat. Das Bewerbungsgespräch war gut, aber leider hat er eine Absage bekommen.

Deutsch Plus

20a
B

20b
Richtig: 4

Falsch: 1, 2, 3, 5 und 6

2 Florians Frau meint, dass sie in München nur Nachteile hat. – **3** Amelie verdient genug für sich und ihren Mann. – **5** Fernando gibt Florian den Rat nicht zu pendeln und in Frankfurt zu bleiben. – **6** Fernando glaubt, dass Florian auch in Frankfurt einen guten Job finden kann.

20c
Beispiel:

Florian sollte den Job in München annehmen, wenn er mehr Geld verdienen will. Vielleicht ärgert er sich später, wenn er den Job in München nicht annimmt. Viele Leute müssen pendeln, weil die Familie nicht dort wohnt, wo die Arbeit ist.

Wichtige Wörter

1

Hauptsitz – produziert – exportiert – Mitarbeiter – Umsatz – Fabrik - Zukunft – optimistisch

2a

1 machen – **2** schenken – **3** geben – **4** verkaufen – **5** suchen

2b
Beispiel:

1 Gemeinsam mit der Berufsberaterin hat sie ihre Stärken analysiert. – **2** Er hat die Datei auf dem USB-Stick gespeichert. – **3** In der E-Mail habe ich zuerst die Betreffzeile gelesen. – **4** Die Agentur für Arbeit hat mir ein Bewerbungstraining angeboten. – **5** Das Unternehmen hat viele Online-Bewerbungen bekommen.

Lösungen

5a
1 F – 2 A – 3 C – 4 D – 5 H – 6 E – 7 C – 8 G – 9 B

5b
Beispiel:
Zuerst hat Herr Sabia eine interessante Stellenanzeige gelesen, danach hat er eine Bewerbung für die Stelle geschrieben. Nachdem er alle Unterlagen zusammengestellt hatte, hat er seine Bewerbung abgeschickt. Später hat er eine Einladung zum Bewerbungsgespräch bekommen. Natürlich hat er sich auf das Bewerbungsgespräch bestens vorbereitet und sein Vorstellungsgespräch ist sehr gut gelaufen. Nach einer kurzen Zeit hat er eine Zusage bekommen und anschließend den Arbeitsvertrag unterschrieben. Sein erster Arbeitstag war sehr spannend.

Station 1

1a
A Beispiel: Meine Familie spielt eine große Rolle in meinem Leben. In meiner Familie habe ich viel Kontakt zu meinen Schwestern. – **B** besser/schlechter, genug/nicht genug, viele/nur wenige – **C Beispiel:** Ich denke, dass Frauen die gleichen Karrierechancen wie Männer haben. Ich habe den Eindruck, dass Männer und Frauen heute gleich viel im Haushalt machen. – **D** Ich höre Radio nicht so oft. Ich benutze mein Smartphone jeden Tag, um mit den Freunden zu kommunizieren. Ich benutze Tablet oft, weil ich oft im Internet recherchiere. Ich sehe nicht so oft fern, weil ich keine Zeit dafür habe. – **E Beispiel:** 1 Ich habe manchmal keine Lust, zum Sportunterricht zu gehen. 2 Es macht mir Spaß, mit meinen Freunden auszugehen. 3 Ich versuche, mehr Zeit beim Deutschlernen zu verbringen. – **F** Es ist ein Vorteil von Online-Shopping, dass man nicht zum Laden gehen soll. Von Nachteil ist es, dass man auf den Einkauf warten soll. – **G** Anton und Ida tanzen. Lina und Ole spielen. – **H Beispiel:** Der Mann mit der braunen Hose, dem blauen T-Shirt und den weißen Schuhen ist vielleicht ein Student. – **I Beispiel:** Die Wohnung tapezieren, damit sie gemütlicher aussieht. Ein Medikament abholen, um schnell gesund zu werden.

DTZ Lesen

Teil 2
1 F – 2 D – 3 x – 4 E – 5 G

Teil 3
6 Richtig – 7 B – 8 Richtig – 9 A

4 Damals, gestern, heute

1a
Das Foto in der Mitte und das rechte Foto.

1b
Lena: haben gesehen
Elias: war, habe gearbeitet, hat geschickt
Lena: musstest, war
Elias: war, habe beworben, wollte
Lena: hast kennengelernt
Elias: habe gelernt, konnte
Lena: hat gefallen
Elias: hatte, musste, habe gefunden, hast gemacht, seid umgezogen, wolltet
Lena: sind umgezogen

2a
1 D – 2 H – 3 G – 4 F – 5 J – 6 A – 7 C – 8 K – 9 B – 10 L – 11 I – 12 E

2b

	er/sie/es/man	sie (Pl.)
leben	lebte	lebten
machen	machte	machten
mitspielen	mitspielte	mitspielten
gründen	gründete	gründeten
umsiedeln	siedelte um	siedelten um

2c
Beispiel:
1 Zu den erfolgreichsten Sängern und Sängerinnen in den Sechzigerjahren gehörten Aretha Franklin und Ray Charles. – **2** Viele Russlanddeutsche siedelten in den Neunzigerjahren aus Sibirien nach Deutschland um. – **3** Die Band veröffentlichte das erste Album im November 2015. – **4** Sie arbeitete viel und erreichte somit den ersten Platz. – **5** Er arbeitete mehr als zehn Jahre für das Fernsehen. – **6** Die Popsängerin freute sich sehr über einen Musikpreis. – **7** Meine Freundin

lebte bei ihren Verwandten in Berlin. – **8** Die Tochter meines Kollegen besuchte gerne das Gymnasium. – **9** Vier beste Schulfreunde gründeten vor vier Jahren eine berühmte Rockband. – **10** Ein guter Freund von mir studierte Musik in Wien. – **11** Vor zwei Jahren machte er eine Ausbildung zum Schauspieler in Hamburg. – **12** Die Schauspielerin kam mir bekannt vor, weil sie im Tatort mitspielte.

3

1 benutzte – **2** arbeiten – **3** verdiente – **4** mache – **5** lebten – **6** gründete

4a

1 bis – **2** – – **3** während – **4** nach – **5** seit

4b

1 bis – **2** während – **3** von, bis – **4** am – **5** seit

5

Beispiel:
2 Früher brauchte man Glühbirnen, heute braucht man Energiesparlampen. – **3** Früher trocknete man auf der Leine, heute trocknet man im Trockner. – **4** Früher kochte man auf dem Kohleherd, heute kocht man auf dem Elektroherd.

6

2 staunen – **3** Straßenverkehr – **4** Passagier, Passagierin – **5** Verkehrsunfall

7

bauen - baute, geben - gab, malen - malte, zerstören - zerstörte, teilen - teilte, sein - war, stattfinden - fand statt, geben - gab, einkaufen - einkauften, werfen - warfen, ändern - änderte, geben - gab, kommen - kamen, werden - wurde, bauen - bauten

8

	geben	kommen	gehen	wissen	denken
ich	gab	kam	ging	wusste	dachte
du	gabst	kamst	gingst	wusstest	dachtest
er/es/ sie/man	gab	kam	ging	wusste	dachte
wir	gaben	kamen	gingen	wussten	dachten
ihr	gabt	kamt	gingt	wusstet	dachtet
sie/Sie	gaben	kamen	gingen	wussten	dachten

9a

Infinitiv	Präteritum	Perfekt
geben	gab	hat gegeben
lassen	ließ	hat gelassen
werden	wurde	ist geworden
stehen	stand	hat gestanden
finden	fand	hat gefunden
gehen	ging	ist gegangen
wissen	wusste	hat gewusst
kennen	kannte	hat gekannt
denken	dachte	hat gedacht
mögen	mochte	hat gemocht

9c

1 mochte, fand – **2** ging – **3** warst, wusste, dachte – **4** war, gab, waren – **5** kanntest

10

wohnten, besaß, gab, ging, fuhr, gefiel, war, hatte, kümmerte sich, arbeitete, ging, kamen, tranken, aßen, besuchte, konnte

11

Richtig: 3, 4, 5, 6 und 8
Falsch: 1, 2 und 7

12

1 Als mich letzte Woche die Polizei angehalten hat, wurde ich ein bisschen nervös. – **2** Als gestern der Regen anfing, fuhr ich gerade mit dem Fahrrad. – **3** Als ich 18 Jahre alt war, machte ich das Abitur. – **4** Als wir heute Morgen von dem Unfall hörten, waren wir sehr durcheinander. – **5** Als sie sich gemütlich hingesetzt hat, klingelte es an der Tür.

13

1 als – **2** wenn – **3** als – **4** wenn – **5** als – **6** wenn

14

1 B – **2** C – **3** B – **4** B – **5** B – **6** A – **7** C – **8** C – **9** A

15

Ich bin in Berlin geboren.
Bis 2004 habe ich auch in Berlin gewohnt.
2003 ist die Firma von meinem Vater kaputtgegangen.
Deshalb ist mein Vater arbeitslos geworden und hat lange nach einer neuen Stelle gesucht.
2004 hat er schließlich eine neue Stelle in Flensburg bekommen, und ich bin mit meinen Eltern umgezogen.
Nach der Schule bin ich wieder umgezogen, weil ich keine Stelle in Flensburg finden konnte.
Jetzt wohne ich schon vier Jahre in Dortmund, und es gefällt mir gut hier.

Lösungen

Deutsch Plus

16a
5 – 4 – 3 – 2 –1

16b
Beispiel:
Am Ende ist Hans sehr glücklich, weil er sich von den Steinen befreite und nichts mehr tragen sollte.

Wichtige Wörter

1
Hit, Fan, Album, Musical, Talent

3
1 die Polizeikontrolle – **2** der Helm – **3** die Autobahn – **4** der Kreisel – **5** der Zebrastreifen – **6** die Kreuzung – **7** die Fußgängerampel – **8** der Bürgersteig – **9** die Ampel – **10** der Motorradfahrer – **11** der Verkehrsunfall – **12** der Fahrradweg

5
Beispiel:
An der Kreuzung stehen viele Autos, weil es einen Verkehrsunfall gab.
Fahren Sie über die Kreuzung und dann nach rechts!
Wenn Sie über die Straße weitergehen, finden Sie links eine Bank.
Bei Regen ist es gefährlich, auf der Autobahn zu schnell zu fahren.
Die Fußgänger sollten auf dem Bürgersteig gehen.
Wenn man durch den Kreisel fährt, sollte man bestimmte Regeln beachten.
An der Ampel stehen viele Fußgänger und warten auf Grün.
Bei Rot muss man halten. Bei Grün darf man fahren.
Es ist wichtig, dass Kinder mit dem Helm Fahrrad fahren.
Es hat ihm sehr viel Spaß gemacht, bei gutem Wetter mit dem Motorrad zu fahren.
Die Polizei kontrolliert die Geschwindigkeit.

6
C

5 Aus der Arbeitswelt

1
Betrieb – Mitarbeiter – Einkaufsabteilung – Aufgabe – Produktion – Lager – Empfang – Karriere – Geschäftsführung

2a
Richtig: 2
Falsch: 1, 3 und 4

2b
1 Eva sagt, dass sie sicher eine neue Stelle finden werden. – **2** Ali mag seine Arbeit und Kollegen, er möchte das alles nicht verlieren. – **3** Es ist für die Stadt wichtig, weil das Matzon-Werk die Steuern zahlt.

3a
2 kinderlos – **3** kostenlos – **4** wolkenlos – **5** ergebnislos – **6** ruhelos

3b
1 ergebnislos – **2** beispiellos – **3** kostenlos – **4** ruhelos – **5** wolkenlos – **6** kinderlos

4
1 C – **2** D – **3** A – **4** B

5a
1 unvernünftig – **2** unhöflich – **3** ungeduldig – **4** unzufrieden – **5** unpünktlich – **6** ungeeignet

5b
1 unvernünftig – **2** ungeeignet – **3** pünktlich – **4** ungeduldig – **5** höflichen – **6** unzufrieden

6
Richtig: 1, 3, 4 und 5

7
1 arbeitslos – **2** uninteressant – **3** zufrieden – **4** unpünktlich – **5** erfolglos – **6** regellose

8a
2 Beschäftigte – **3** Deutsche – **4** Alte – **5** Junge – **6** Fortgeschrittene

8b
1 Fortgeschrittene – **2** Alten, Jungen – **3** Jugendlichen – **4** Beschäftigten – **5** Deutsche

9
1 Bewerbungsschreiben, Lebenslauf – **2** Stellenagebote – **3** Bewerbungsfoto – **4** Ausbildungsplatz – **5** Praktikum

10a
1 Zeile 5 – **2** Zeile 3 – **3** Zeile 7 – **4** Zeilen 8 und 9 – **5** Zeile 14

10b
Ausbildung: Kaufmännischer Angestellter
Berufserfahrung: 3 Jahre, Elektromarkt Super, für Einkauf verantwortlich, 1 Jahr Erfahrung in der Kundenbetreuung
Sprachkenntnisse / Eigenschaften: sehr gute Kenntnisse: Spanisch, Englisch, PC-Kenntnisse, flexibel, lernt schnell, mag Beruf
Wünsche: mehr mit Kollegen zusammenarbeiten, mehr im Verkauf arbeiten

11a
1 D – **2** A – **3** E – **4** B – **5** C

11b
Beispiel:
Sehr geehrte Frau Pankow,
mit großem Interesse habe ich Ihre Stellenanzeige in der Ostsee-Zeitung vom 17.10.20… gelesen. Hiermit bewerbe ich mich um die Stelle als kaufmännischer Angestellter für den Verkauf.
Ich bin 25 Jahre alt. Meine Ausbildung zum kaufmännischen Angestellten habe ich bei der Firma Elektro Lortzing in Rostock gemacht. Seit drei Jahren arbeite ich im Elekromarkt Super. Ich bin für den Einkauf verantwortlich. Ich habe aber auch ein Jahr Erfahrung in der Kundenbetreuung. Ich beherrsche Englisch und Spanisch sicher in Wort und Schrift und habe gute PC-Kenntnisse. Ich bin flexibel, teamfähig und engagiert. Ich lerne schnell und habe Spaß am Verkauf.
Ich bewerbe mich auf diese Stelle, weil ich gern mehr im Verkauf arbeiten möchte.
Über die Möglichkeit zu einem persönlichen Gespräch würde ich mich sehr freuen.
Mit freundlichen Grüßen
Hugo Perez

13
Richtig: 2 und 3

14a
1 Bevor Herr Mattes duschen geht, putzt er die Zähne. – **2** Frau Antes schreibt einen Einkaufszettel, bevor sie einkaufen geht. – **3** Bevor Marianne und Luis ihren Urlaub planen, stellt Luis einen Antrag auf Urlaub.

14b
1 Während Peter die Zeitung liest, trinkt er Kaffee. – **2** Frau Huizinga spielt mit den Kindern, während Herr Huizinga kocht. – **3** Während ihr Mann fernsieht, bügelt Alina die Hemden.

14c
1 Nachdem Familie Tasaki Mittag gegessen hat, bringt sie die Kinder zum Fußballtraining. – **2** Nachdem sie genug Geld gespart haben, machen sie eine Reise um die Welt. – **3** Nachdem Herr Konrad einen Kunden besucht hat, fährt er zurück ins Büro.

15
1 Bevor sie in den Park fahren, kaufen die Eltern Fleisch im Supermarkt. – **2** Während die Eltern grillen, spielen die Kinder im Park. – **3** Nachdem sie gegessen haben, sitzen alle zusammen, spielen Gitarre und singen. – **4** Bevor Herr Pusch ins Büro fährt, bringt er die Kinder in die Schule. – **5** Während er einen Bericht schreibt, hört er gerne Radio / trinkt er Kaffee. – **6** Nachdem er diese Arbeit beendet hat, isst er in der Kantine.

16
Beispiel:
Bevor ich einen Kuchen backe, gehe ich einkaufen. – Während ich den Kuchen backe, höre ich Musik. – Nachdem ich den Kuchen gebacken habe, kommen meine Freundinnen zu Besuch.

17
1 Bruttogehalt – **2** Steuern – **3** Solidarzuschlag – **4** Sozialversicherung – **5** Arbeitslosenversicherung – **6** Kirchensteuer – **7** Nettogehalt

18
Sehr geehrte Damen und Herren,
mit großem Interesse habe ich Ihre Anzeige **für** einen kaufmännischen Angestellten gelesen. Die **Tätigkeit** interessiert mich, weil ich gerne **selbständiger** arbeiten will. Seit drei Jahren bin ich bei der Firma Elektro Super für die Kundenkontakte **zuständig** und denke, dass meine Berufserfahrung auch in Ihrem Betrieb **nützlich** sein kann.
Über die **Möglichkeit** zu einem **persönlichen Gespräch würde** ich mich freuen.
Mit freundlichen **Grüßen**
…

Deutsch Plus

19
1 C – **2** A – **3** E – **4** D – **5** F – **6** B – **7** G

20a
1 nicht mehr als eine Seite – **2** höflich schreiben, nicht umgangssprachlich – **3** nicht nennen, sondern Stärken

Lösungen

20b

Beispiel:

In meinem Land muss man den Bewerbungsbrief auch höflich schreiben. Der Bewerbungsbrief muss korrekt sein. Fehler machen keinen guten Eindruck.

Wichtige Wörter

1

1 Verhandlungen, Streik – **2** Kompromiss – **3** Betriebsrat – **4** Abfindung, Betriebsvereinbarung, Sozialplan

2

1 die Rentenversicherung, die Unfallversicherung, der Solidarzuschlag, die Kirchensteuer, die Steuern, das Bruttogehalt, das Nettogehalt – **2** der Betriebsrat, die Kollegen / die Kolleginnen, der Empfang, der Verkauf, die Kundenbetreuung, die Geschäftsführung, das Büro, die Kantine

4a

1 Musiker/in – **2** Bauarbeiter/in – **3** Verkäufer/in – **4** Feuerwehrmann/-frau – **5** Lehrer/in – **6** Maschinenbauer/in – **7** Tischler/in – **8** Laborant/in

4b

Foto 1: Musiker, das Orchester, ein Instrument spielen, das Cello, das Konzert

Foto 2: der Bauarbeiter, die Mauer, Wandfliesen verlegen, das Zementieren, die Arbeitshandschuhe

Foto 3: die Verkäuferin, kassieren, der Supermarkt, Wechselgeld geben, mit Karte zahlen

Foto 4: die Feuerwehrleute, der Autounfall, Feuer löschen, das Feuerwehrauto, der Feuerwehrschlauch

Foto 5: die Lehrerin, die Schüler, im Klassenraum, der Matheunterricht, eine Frage beantworten

Foto 6: der Maschinenbauer, in der Werkstatt arbeiten, einen Schutzhelm tragen, die Schutzbrille, die Arbeitshandschuhe

Foto 7: die Tischler, in der Werkstatt arbeiten, sich unterhalten, Schutzkleidung tragen, mit Holz arbeiten

Foto 8: der Laborant, im Labor arbeiten, Geräte, die Untersuchung, die Reaktion beobachten

4c

Auf dem Foto 1 sind Musiker in einem Orchester. Sie spielen verschiedene Instrumente, z. B. Cello, Geige und Flöte. Es ist ein sehr schönes Konzert der klassischen Musik.

5a

Foto 10: eine Teamsitzung, an einem Projekt zusammenarbeiten, diskutieren, Vorschläge machen, neue Ideen sammeln, sich zusammensetzen

Foto 11: im Büro, die Kollegen, eine Überraschung, nachdenken, argumentieren, sich austauschen

Foto 12: eine Ausbildung, die Auszubildenden, der Lehrer, Arbeit zu zweit, eine Aufgabe lösen

Foto 13: Kollegen, streiten, keinen/einen Kompromiss finden, ein schlechtes Team, Aggression zeigen

Foto 14: im Team arbeiten, einander gut verstehen, alt und jung, motiviert sein, eine positive Ausstrahlung

Foto 15: eine Konferenz, jemandem zuhören, eine Frage stellen, eine Frage beantworten, eine Präsentation halten

Foto 16: die Arbeitskollegen, ein Geschenk machen, gratulieren, in der Pause, sich bedanken

5b

Auf dem Foto 9 hält ein Redner einen interessanten Vortrag. Das Publikum hört gespannt zu. Es ist ein sehr spannendes und aktuelles Thema.

6 Wünsche

1a

mi**ch**, ist, die, es, mi**ch**, un**d**, si**nd**, ihn**en**, für, ein**e**, sie, Leb**en**, ist, ab**er** – un**d**, me**in**, si**nd**, meine, Musi**k**, meine, Famil**ie**, ich, ver**trau**en, ist, Hobby, liebe, viel, mache, ein, ka**nn**, vorst**ell**en – Jahre, Informa**tiker**in, immer, die, geä**ndert**, ist, dass, Be**ruf**, vor, ein**er**, un**d**, Anfang, hoffe, kla**ppt**, **in**, Geld, möchte, Eigen**tums**wohnung

1b

Beispiel:

Mir sind meine Familie, meine Freunde und meine Arbeit sehr wichtig. Meine Familie unterstützt mich immer. Meine Freunde sind auch immer für mich da. Ich arbeite viel, weil ich Erfolg in meinem Beruf haben möchte. Aber ich finde immer Zeit für meine Familie und Freunde.

2

1 mehr Zeit für die Familie – **2** viel Geld – **3** Vater werden – **4** Gesundheit

3a

	haben		sein	
	Präteritum	Konjunktiv II	Präteritum	Konjunktiv II
ich	hatte	hätte	war	wäre
du	hattest	hättest	warst	wärst
er/sie/es/man	hatte	hätte	war	wäre
wir	hatten	hätten	waren	wären
ihr	hattet	hättet	wart	wäret
sie/Sie	hatten	hätten	waren	wären

3b

1 hätten, hätte – **2** hättet, wären – **3** wärst, wäre – **4** hättest, hätte

3c

1 Herr Meier würde gern viele Sprachen sprechen. – **2** Herr Meier hätte gern mehr Geld. – **3** Herr Meier würde gern eine neue Stelle finden. – **4** Herr Meier wäre gern sportlicher. – **5** Herr Meier würde gern sein Leben verändern.

4

2 Wenn er genug Talent hätte, wäre er ein Popstar. – **3** Wenn er Vollzeit arbeiten würde, würde er viel verdienen. – **4** Wenn sie mehr Zeit hätten, würden sie sich oft treffen.

5

müsste, müsste, hätte, könnte, könnten, wäre, müsste, könnte, wäre, solltest

6

	können		müssen		sollen	
	Präteritum	Konjunktiv II	Präteritum	Konjunktiv II	Präteritum	Konjunktiv II
ich	konnte	könnte	musste	müsste	sollte	sollte
du	konntest	könntest	musstest	müsstest	solltest	solltest
er/sie/es/man	konnte	könnte	musste	müsste	sollte	sollte
wir	konnten	könnten	mussten	müssten	sollten	sollten
ihr	konntet	könntet	musstet	müsstet	solltet	solltet
sie/Sie	konnten	könnten	mussten	müssten	sollten	sollten

7

1 Wenn er 16 Jahre alt wäre, dürfte er am Samstagabend bis 24 Uhr ausgehen. – **2** Wenn die Arbeit weniger anstrengend wäre, wären wir abends nicht so müde. – **3** Wenn wir ein großes Haus kaufen würden, müssten wir einen Kredit aufnehmen. – **4** Wenn wir zum Fußball gehen könnten, müssten wir die Wohnung nicht putzen. – **5** Wenn sein Abschluss anerkannt wäre, könnte er als Arzt arbeiten.

8

2 Wenn sie eine Leiter hätten, könnten sie das Zimmer tapezieren. – **3** Wenn das Haus einen Aufzug hätte, müsste er die Treppe nicht benutzen. – **4** Wenn Milch im Haus wäre, würde sie den Kaffee mit Milch trinken.

9

Wenn ich im Lotto gewinnen würde, würde ich in Urlaub fahren. – Wenn ich Kinder hätte, würde ich ihnen jeden Abend etwas vorlesen.

10

1 Könntest du mir bitte die Zeitung geben. / Würdest du mir bitte die Zeitung geben. – **2** Könntet ihr jetzt bitte kommen. / Würdet ihr jetzt bitte kommen. – **3** Könnten Sie die Musik bitte leiser machen. / Würden Sie die Musik bitte leiser machen. – **4** Könnten Sie mir bitte helfen. / Würden Sie mir bitte helfen.

11

2 Sie sollten den Urlaub jetzt planen. – **3** Ihr solltet pünktlich sein. – **4** Du solltest aufs Gymnasium gehen.

12

7, 3, 5, 1, 6, 4 und 2

14

1 mich – **2** dich – **3** sich – **4** uns – **5** euch – **6** sich

15

2 sich/neue Sachen – **3** uns/die Miete – **4** sich/eine Weltreise – **5** euch/das Sofa – **6** dir/-

Lösungen

16
1 mich – **2** dir, mir – **3** dich, mir – **4** dich, mir

17a
2 – 4 – 3 –1

17b
1 Der Telefonanruf war am Abend und Frau Vidmar fühlte ich gerade sehr erschöpft. – **2** Frau Vidmar interessierte sich für das Angebot des Buchclubs nicht und bestellte keinen Katalog. – **3** Als der Katalog des Buchclubs kam, hat sie an den Buchclub geschrieben, dass sie kein Interesse hat.

18
1 B – **2** C – **3** D – **4** A

19
Feyine Bahta
Leipziger Straße 15
50858 Köln
Gold Gewinnspiele
Lindenstraße 183
46147 Oberhausen
14.04.2016
Ihre unberechtigte Forderung
Sehr geehrte Damen und Herren,
in Ihrem Schreiben vom 11.04.2016 behaupten Sie, dass ich einen kostenpflichtigen Vertrag über die Teilnahme an Gewinnspielen geschlossen hätte, und fordern einen Beitrag in Höhe von 195 Euro.
Ich widerspreche dieser Forderung ausdrücklich. Wir haben nur telefoniert. Daraus können keine Forderungen entstehen. Einen Gewinnspielvertrag habe ich mit Ihnen nicht geschlossen. Wenn Sie Geld von meinem Konto abgebucht haben, lasse ich die Buchung rückgängig machen.
Mit freundlichem Gruß
Feyine Bahta

Deutsch Plus

20a
B, A, C, C, B und C

20b
Beispiel:
Ich bin zu der Hochzeit einer Freundin eingeladen und weiß nicht, was man in Deutschland zu einer Hochzeit schenkt. Habt ihr Tipps für mich? – Ein selbstgemachtes Kochbuch könnte ein einzigartiges Geschenk zur Hochzeit werden, besonders wenn du das Brautpaar gut kennst. In das Kochbuch kann jeder Gast sein Lieblingsrezept schreiben.

Wichtige Wörter

1
1 die Entscheidung – **2** die Kündigung – **3** der Ärger – **4** der Wunsch – **5** der Umtausch – **6** die Sicherheit – **7** die Öffentlichkeit – **8** die Freiheit

2a
2 B – 3 G – 4 A – 5 F – 6 D – 7 E

2b
Beispiel:
1 Es ist wichtig, den Vertrag zuerst zu lesen und danach zu unterschreiben. – **2** Bei Rechtsproblemen könnte ein Rechtsanwalt gut helfen. – **3** Es ist wichtig, eine unabhängige Beratung zu akzeptieren.

3
1 Bundesländer – **2** unbefristet – **3** Altersvorsorge – **4** Gewinnspielen

5a
Beispiel:
Auf dem Bild 1 sieht man eine Einkaufsstraße, in der viele Menschen unterwegs sind. Zum Bespiel sieht man eine Frau und einen Mann, die vor einem Schaufenster mit Kleidung stehen und sich über die Dinge, die sie sehen, unterhalten. Ein Pärchen sitzt im Straßencafé und unterhält sich. Eine Mutter mit Kind läuft an der Eisdiele vorbei, und das Kind möchte gerne ein Eis haben. Zwei Fußgänger sind zusammengestoßen und dabei ist die Tasche mit der Kleidung auf den Boden gefallen. Ein Junge fährt durch die Fußgängerzone mit dem Fahrrad, und ein Mann beschimpft ihn. Oben in der Wohnung sieht man eine Frau, die etwas kocht. In der Wohnung nebenan sieht man einen jungen Mann, der laut Musik hört. Im Computerladen sieht man eine Kundin, die ihren kaputten Bildschirm reklamiert.

5b
Unterschiede:
Auf dem Bild 2 sieht man kein Bekleidungsgeschäft, sondern ein Reisebüro, vor dem eine Frau und ein Mann stehen und von ihrer nächsten Reise träumen. Mutter und Kind laufen nicht an einer Eisdiele vorbei, sondern an einer Bäckerei. Beim Zusammenstoß von zwei Fußgängern sind aus der Tasche keine Kleidungsstücke auf den Boden gefallen, sondern Lebensmittel. Der Fahrradfahrer fährt das Rad nicht, sondern er schiebt es, und der Mann und er grüßen sich. Oben in der Wohnung kocht nicht mehr eine Frau, sondern ein Mann. In der Wohnung nebenan sieht man einen jungen Mann, der die Musik nicht mehr laut hört, sondern die Kopfhörer auf hat. Im Geschäft sieht man

eine Kundin, die ihren kaputten Staubsauger und keinen defekten Bildschirm reklamiert.

Station 2

1a

A Beispiel: Als ich fünfzehn Jahre alt war, lernte ich Gitarre spielen. Mit zehn Jahren konnte ich sehr gut schwimmen. Vor fünf Jahren habe ich mein Abitur gemacht. Früher konnte ich nicht so gut kochen. – **B** Motoren, Geschäftsführung, Kosten, Konkurrenz, Vorsitzende, arbeitslos, Verhandlungen, Streik – **C** Brutto-Gehalt, Steuern, Sozialversicherung, Netto-Gehalt, Steuerklasse – **D Beispiel:** Familie/Freunde: Meine Familie und meine Freunde sind mir sehr nah und wichtig, wir verstehen uns gut. Arbeit/Beruf: Meine Arbeit spielt eine große Rolle in meinem Leben, ich möchte Erfolg im Beruf haben. Gesundheit: Meine Gesundheit ist sehr wichtig für mich. – **E 1** Wenn morgen kein Unterricht wäre, müssten wir heute keine Hausaufgaben machen. **2** Wenn ich gut tanzen könnte, wäre ich sehr froh. **3** Wenn sie ein Auto hätte, würde sie nicht oft mit dem Bus fahren. – **F 1** Ich kaufe mir ein Fahrrad. **2** Ich wünsche mir einen Laptop. **3** Einen teuren Schmuck kann ich mir nicht leisten. – **G** umtauschen, den Beleg / die Rechnung, Gutschein, Differenz

DTZ Lesen

Teil 4
1 Falsch – **2** Richtig – **3** Falsch

Teil 5
4 C – **5** B – **6** C – **7** A – **8** C – **9** B

Lösungen

Antwortbogen

Lesen

Teil 2

1   a b c d e f g h x   1

2   a b c d e f g h x   2

3   a b c d e f g h x   3

4   a b c d e f g h x   4

5   a b c d e f g h x   5

Teil 3

6   Richtig   Falsch   6

7   a b c   7

8   Richtig   Falsch   8

9   a b c   9

Teil 4

1   Richtig Falsch   1

2   Richtig Falsch   2

3   Richtig Falsch   3

Teil 5

4   a b c   4

5   a b c   5

6   a b c   6

7   a b c   7

8   a b c   8

9   a b c   9

Stärken, die, Pl.	.... unpassend	....
Schwächen, die, Pl.	.... sondern	....
korrigieren	.... um … zu	....
aus}drucken	.... anstatt … zu	....
verschicken	....	
kritisieren	....	
unhöflich	....	

1 **Ergänzen Sie die Wörter.**

> Zukunft • produziert • optimistisch • exportiert • Hauptsitz • Mitarbeiter •
> Umsatz • Fabrik

Das Unternehmen Nikita hat seinen .... in Köln. Es ....

Getränkeautomaten und .... 60 % nach Asien. Die Firma hat 1.200

.... Der .... liegt bei 350 Millionen Euro im Jahr.

Seit 2015 hat Nikita auch eine .... in Vietnam. Nikita ist für die

.... sehr ....

2a **Welches Verb passt nicht? Streichen Sie.**

1 Stärken   haben – analysieren – machen – zeigen
2 eine Datei   schenken – speichern – abschicken – auswählen
3 die Betreffzeile   sehen – schreiben – geben – lesen
4 ein Bewerbungstraining   anbieten – machen – verkaufen – suchen
5 eine Online-Bewerbung   schreiben – bekommen – lesen – suchen

2b **Schreiben Sie mit jedem Nomen und einem passenden Verb aus 2a einen Satz im Perfekt.**

....

....

....

....

🔊 3 **Wörter hören und nachsprechen. Hören Sie zu und sprechen Sie nach.**
16

1 der Ausbildungsplatz – die Stellenanzeige – die Festanstellung – die Sozialleistung
2 wütend – verärgert – desinteressiert – nervös
3 die Mechatronikerin – die Mechanikerin – die Geschäftsführerin – die Kundenbetreuerin

4a Arbeiten Sie in Gruppen. Wählen Sie zusammen eine Person aus 1–8. Jede/Jeder schreibt einen Text über diese Person. Schreiben Sie zu jeder Frage einen Satz.

1 Wie heißt die Person?
2 Wann und wo ist die Person geboren?
3 Wie viele Jahre war sie in der Schule?
4 Was hat die Person studiert? / Welchen Beruf hat sie gelernt?
5 Wo lebt die Person jetzt?
6 Ist die Person verheiratet?
7 Hat die Person Kinder? Wie viele?
8 Welche Hobbys hat die Person?

4b Vergleichen Sie Ihre Ergebnisse in der Gruppe und diskutieren Sie: Welche Sätze passen am besten zu der Person? Schreiben Sie dann gemeinsam einen Text.

5a Herr Sabia hat sich erfolgreich beworben. Wie ist er vorgegangen? Ordnen Sie die Bilder in der richtigen Reihenfolge.

1 ☒ G eine Stellenanzeige lesen
2 ☐ die Bewerbung schreiben
3 ☐ Unterlagen zusammenstellen
4 ☐ die Bewerbung abschicken
5 ☐ eine Einladung zum Bewerbungsgespräch bekommen

6 ☐ sich auf das Bewerbungsgespräch
   vorbereiten
7 ☐ beim Vorstellungsgespräch
8 ☐ eine Zusage bekommen und den
   Arbeitsvertrag unterschreiben
9 ☐ der erste Arbeitstag

5b Berichten Sie in ganzen Sätzen über die Bewerbung von Herrn Sabia.

Zuerst hat Herr Sabia eine interessante Stellenanzeige gelesen ...

1a Lesen Sie und ergänzen Sie in A–H.

✓ ✗

Ich kann auf Deutsch

☐ ☐ **A** über meine Familienkontakte sprechen.

Was bedeutet für Sie die Familie?

....

Zu wem haben Sie viel Kontakt in Ihrer Familie?

....

☐ ☐ **B** über Kinderbetreuung sprechen.

> viele • nur wenige • besser • schlechter • genug • nicht genug

Die Kinderbetreuung in Deutschland ist .... als in meiner Heimat. Es gibt

hier .... Betreuungsmöglichkeiten für Kinder. In meinem Heimatland kön-

nen .... Frauen wegen ihrer Kinder nicht in Vollzeit arbeiten.

☐ ☐ **C** meine Meinung über die Gleichberechtigung von Männern und Frauen sagen.

Haben Frauen die gleichen Karrierechancen wie Männer?

Ich denke, ...
Machen Männer und Frauen heute gleich viel im Haushalt?

Ich habe den Eindruck, ...

☐ ☐ **D** sagen, welche Medien ich wie oft benutze und was ich mit diesen Medien mache.

Radio: ....

Smartphone: ....

Tablet: ....

Fernsehen: ....

☐ ☐ **E** sagen, wozu ich Lust habe und wozu nicht und was mir Spaß macht und was nicht.

1 Ich habe manchmal keine Lust, ...

2 Es macht mir Spaß, ...

3 Ich versuche, ...

	✓	✗

F über die Vorteile und Nachteile von Online-Shopping sprechen. ☐ ☐

Es ist ein Vorteil von Online-Shopping, dass ....

Ein Nachteil ....

G sagen, was zwei Personen miteinander machen. ☐ ☐

Anton und Ida

Lina und Ole

....

H Personen beschreiben und über Personen sprechen. ☐ ☐

Beschreiben Sie die Kleidung der Personen. Was machen sie vielleicht beruflich?

Der Mann mit der braunen Hose und ....

....

....

I sagen, wozu man etwas braucht. ☐ ☐

> die Wohnung tapezieren • ein Medikament abholen

Ein Rezept braucht man, um ....

Eine Leiter braucht man, ...

1b Kontrollieren Sie mit den Lösungen und markieren Sie ✓ für *kann ich* und ✗ für *kann ich nicht so gut*.

Teil 2 Lesen Sie die Situationen 1–5 und die Anzeigen a–h. Welche Anzeige passt zu welcher Situation? Markieren Sie die Lösungen für die Aufgaben 1–5 auf dem Antwortbogen (s. Lösungen, letzte Seite). Zu einer Situation gibt es keine Anzeige. Markieren Sie in diesem Fall ein x.

1 Sie sind gelernter Maler und suchen Arbeit.

2 Sie möchten umziehen und suchen für Ihre 2-Zimmer-Wohnung in Berchtesgaden einen Nachmieter. Die Wohnung hat 67 m² und liegt nicht weit vom Stadtzentrum.

3 Ein Freund hat seine Ausbildung als Restaurant-Fachmann beendet und sucht jetzt eine Teilzeitstelle.

4 Sie wollen umziehen und brauchen Hilfe.

5 Eine Freundin möchte in der Gastronomie oder der Hotelbranche eine Ausbildung machen.

a
Schöne, sonnige Ferienwohnung im Zentrum von Berchtesgaden für maximal 6 Personen zu vermieten, 95 m². Zwei Schlafzimmer, ein Wohnzimmer, Küche, Bad und Balkon. Nur 140 Euro pro Tag inkl. Strom, Wasser und Heizung. Kontakt: Robert Schleimer – Tel. 08652/245139

b
Restaurant-Fachfrau/-mann in Festanstellung gesucht (Vollzeit, Schichtarbeit). Bitte vereinbaren Sie einen Vorstellungstermin unter: Tel. 07665/9479101 (Mo.–Fr.) oder post@heuboden.de.
Der Heuboden – Restaurant und Diskothek in Umkirch

c
Hartmann Autovermietung und Autowerkstatt, Abschleppdienst.
Wir vermieten PKWs und kleinere LKWs (für Umzüge geeignet). Günstige Wochenendtarife, z.B.: VW Polo schon ab 89 Euro. *Öffnungszeiten: Mo.–Fr. 8.00–19.00 Uhr, Sa. 8.00–14.00 Uhr.*
www.hartmann-av.de

d
2-Zimmer-Wohnung in Berchtesgaden gesucht, ab 60 m², zentrumsnah, bis KM 490 Euro plus Nebenkosten. Gerne mit Balkon oder Garten. Tel. 0862-981342

e
Alles aus einer Hand. Umzugsservice deutschlandweit. LKW und 3 Mann ab 45 Euro pro Stunde. Montage, Demontage und Lagerung von Möbeln. Wir übernehmen auch Entrümpelungen und Haushaltsauflösungen. Fa. Kurze – Tel. 0711-34578123 oder 0175-6363431 E-Mail: info@kurzetransporte.de

f
Suchen zuverlässige Handwerker für Hilfe rund ums Haus: Maler- und Elektroarbeiten, Fußbodenservice, Umbau und Renovierung, Gartenarbeiten. Tel. 0176-635293957

g
Berghotel Wieden
Wir suchen flexible, engagierte Auszubildende für den Beruf Hotelfachmann/-frau. Ab 01. August. Arbeiten Sie gerne im Team und haben Sie Freude an der Gastronomie? Dann schicken Sie Ihre Bewerbungsunterlagen an info@hotel-wieden.de

h
Ausgebildete Restaurantfachfrau flexibel, zuverlässig, mit großem Organisationstalent und mehrjähriger Berufserfahrung sucht Teilzeitbeschäftigung für abends. Tel. 02131 / 4788432

Teil 3 Lesen Sie die zwei Texte. Entscheiden Sie bei den Aufgaben 6 und 8, ob die Aussagen richtig oder falsch sind. Finden Sie bei den Aufgaben 7 und 9 die Antwort, die am besten passt (a, b oder c). Markieren Sie Ihre Antworten für die Aufgaben 6–9 auf dem Antwortbogen (s. Lösungen, letzte Seite).

Höhere Gebühren für Müll und Abwasser

Die Einwohner von Erlensee müssen ab 1. Januar 2017 mehr Nebenkosten zahlen.

Frischwasser kostet dann 1 Cent mehr pro Kubikmeter, Niederschlagswasser 22 Cent mehr pro Quadratmeter. Die Müllgebühren werden rund 9 % teurer. Der Bürgermeister Hans Hartmut betont,

dass die Müll- und Abwassergebühren in Erlensee in den letzten Jahren nicht teurer geworden sind und die Gebühren immer noch weniger hoch als in vielen anderen Gemeinden des Landkreises sind. Außerdem sagt er: „Wir sind sicher, dass wir die Gebühren im Jahr 2018 nicht noch einmal erhöhen müssen."

6 Die Nebenkosten werden 2017 teurer. R ☐ F ☐

7 Die Gebühren für Abwasser und Müll
  a ☐ werden 22 % teurer.
  b ☐ sind in Erlensee in den letzten Jahren nicht erhöht worden.
  c ☐ steigen auch im Jahr 2018.

Sehr geehrter Mieter, sehr geehrte Mieterin,

mein Name ist Katrin Kuckling. Ich bin Interviewerin für die Befragung des Freiburger Mietspiegels.
Mit der Befragung möchte die Stadtverwaltung erfahren, wie hoch die Mieten in unserer Stadt sind. Das ist notwendig, damit die Mieten vergleichbar sind und Mieter und Vermieter einen Überblick über die durchschnittliche Höhe der Mieten haben.
Leider konnte ich Sie heute nicht erreichen. Bitte rufen Sie mich unter der Telefonnummer:
0761 - 889 14 37 an,
damit wir einen Termin für ein Interview vereinbaren können.
Sie erreichen mich immer ab 18.00 Uhr.

Vielen Dank!

8 Die Stadtverwaltung sammelt Informationen über die Mieten. R ☐ F ☐

9 Der Mieter / Die Mieterin soll
  a ☐ Frau Kuckling anrufen.
  b ☐ bei der Stadtverwaltung anrufen.
  c ☐ ab 18.00 Uhr zu Hause erreichbar sein.

1a Welche Fotos passen zum Text? Lesen Sie den Text und kreuzen Sie an.

Lena: Hallo, Elias, wir .... uns ja lange nicht .... (sehen)

Elias: Ja, ich .... (sein) lange im Ausland. Erst ein halbes Jahr in Marokko und dann

ein Jahr in Brasilien. Ich bin doch Ingenieur und ich .... dort in einem Projekt

.... (arbeiten) Meine Firma .... mich dorthin .... (schicken)

Lena: .... (müssen) du ins Ausland gehen oder .... (sein) das freiwillig?

Elias: Das .... (sein) freiwillig. Ich .... mich .... (bewerben) Ich

.... (wollen) gerne einmal ein bisschen die Welt kennenlernen. Ich bin ja Single,
da ist das unkompliziert, mit zwei oder drei Kindern geht das natürlich nicht so leicht.

Lena: Und .... du sie .... ? (kennenlernen)

Elias: Ja, schon ein bisschen. Aber es ist nicht einfach, wenn man die Sprache nicht gut spre-

chen kann. Ich .... ein bisschen Arabisch .... und dann ein bisschen

Portugiesisch. (lernen) Aber ich .... (können) nicht viel.

Lena: Wo .... es dir denn besser .... , in Marokko oder in Brasilien? (gefallen)

Elias: Das kann ich gar nicht sagen. Beide Länder sind sehr interessant. Ich würde gerne

noch einmal hinfahren. Ich .... (haben) nur wenig Zeit, weil ich viel arbeiten

.... (müssen). Aber ich .... gute Freunde .... , die ich gerne

bald wieder besuchen möchte. (finden) Sag mal, wie geht es dir denn? Was ....

du in den letzten zwei Jahren .... ? (machen) Wie geht es Fahdi? ....

ihr schon .... ? (umziehen) Ihr .... (wollen) euch doch eine größere
Wohnung suchen.

Lena: Ja, wir .... schon vor mehr als einem Jahr .... und wir sind jetzt
auch nicht mehr zu zweit. (umziehen) Wir haben eine kleine Yasemin.

Elias: Wow, herzlichen Glückwunsch!

1b Ergänzen Sie die Verben im Präteritum (*sein, haben,* Modalverben) oder Perfekt (alle
anderen Verben).

A Lebensläufe

2a Wortverbindungen. Ordnen Sie zu.

1 zu den erfolgreichsten Sängern und Sängerinnen	**A** freuen
2 aus Sibirien nach Deutschland	**B** gründen
3 das erste Album	**C** leben/wohnen
4 Platz 1	**D** gehören
5 für das Fernsehen	**E** mitspielen
6 sich über einen Musikpreis	**F** erreichen
7 bei Verwandten	**G** veröffentlichen
8 das Gymnasium	**H** umsiedeln
9 eine Rockband	**I** machen
10 Musik	**J** arbeiten
11 eine Ausbildung zum Schauspieler	**K** besuchen
12 im Tatort	**L** studieren

2b Ergänzen Sie das Präteritum für die 3. Person Singular und Plural.

	leben	machen	mitspielen	gründen	umsiedeln
er/sie/es/man					
sie (Pl.)					

2c Schreiben Sie Sätze im Präteritum mit den Ausdrücken in 2a in Ihr Heft.

3 Präsens oder Präteritum? Was hören Sie? Kreuzen Sie an.

1 ☐ benutzt ☐ benutzte   **2** ☐ arbeiten ☐ arbeiteten

3 ☐ verdient ☐ verdiente   **4** ☐ mache ☐ machte

5 ☐ leben ☐ lebten   **6** ☐ gründet ☐ gründete

4a Miroslav Nemec. Ergänzen Sie die Präpositionen wenn nötig.

> nach • seit • bis • während • (–)

1 Miroslav Nemec lebte .... 1966 bei seinen Eltern in Zagreb.

2 .... 1966 ist er nach Deutschland zu Verwandten gekommen.

3 Er gründete .... seiner Schulzeit eine Rockband.

4 .... dem Studium besuchte er die Schauspielakademie in Zürich.

5 .... 1991 spielt er im Tatort mehrmals pro Jahr einen Kriminalkommissar.

4b Helene Fischer. Ergänzen Sie die Präpositionen.

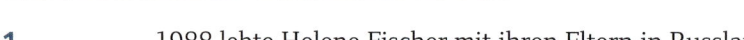

> am • bis • seit • während • von • bis

1 .... 1988 lebte Helene Fischer mit ihren Eltern in Russland.

2 .... der Schulzeit hat sie an Musical- und Theaterworkshops teilgenommen.

3 .... 2000 .... 2003 hat sie eine Ausbildung als Musicaldarstellerin gemacht.

4 .... 14. Mai 2005 ist sie zum ersten Mal im Fernsehen aufgetreten.

5 .... 2012 kann man sie auch als Schauspielerin im Fernsehen sehen.

5 Früher und heute. Schreiben Sie Sätze im Präteritum und Präsens zu den Bildern.

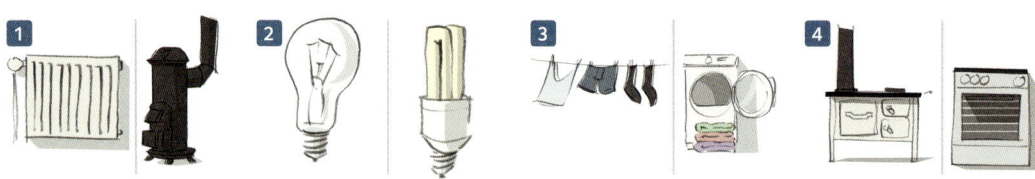

1 *Früher heizte man mit einem Ofen, heute heizt man mit einer Zentralheizung.*

2 *Früher* ....

.... (Glühbirnen brauchen – Energiesparlampen brauchen)

3 ....

.... (auf der Leine trocknen – im Trockner trocknen)

4 ....

.... (auf dem Kohleherd kochen – auf dem Elektroherd kochen)

B Zeitgeschichte

6 Silbenrätsel. Finden Sie die Wörter zu den Worterklärungen.

> un • ßen • sa • stau • ~~schein~~ • Stra • ver • ~~rer~~ • Pas •
> rin • kehr • Pas • nen • gier • Ver • sa • gie • fall • ~~Füh~~ • kehrs

1 ein Dokument, das man braucht, wenn man Auto fahren möchte: *Führerschein* ....

2 sich wundern, überrascht sein: ....

3 Alle Fahrzeuge, die auf den Straßen fahren: der ....

4 eine Person, die in einem Flugzeug reist: der .... oder die ....

5 wenn zwei Autos auf einer Kreuzung gegeneinander fahren: der ....

7 Der Potsdamer Platz. Lesen Sie den Text, unterstreichen Sie die Verben im Präteritum und ergänzen Sie den Infinitiv.

Der Potsdamer Platz in Berlin hat eine mehr als 200-jährige Geschichte. Schon Anfang des 18. Jahrhunderts war der Platz sehr wichtig für den Verkehr. Anfang des 19. Jahrhunderts baute man mehrere große Hotels, Cafés, Kaufhäuser und andere Häuser. In einem Hotel gab es auch ein großes Kino. Der Maler Ernst Ludwig Kirchner malte 1914 ein Bild von dem bunten Leben am Potsdamer Platz.

Der Zweite Weltkrieg zerstörte die Gebäude am Potsdamer Platz fast vollständig und nach 1961 teilte die Mauer den Potsdamer Platz. Deshalb war der Platz bis 1989 unbedeutend. Das Berliner Leben fand hier nicht mehr statt, es gab nur einige Touristen, die in den wenigen Geschäften Souvenirs einkauften und einen Blick über die Mauer nach Ostberlin warfen. Kurz nach dem Fall der Mauer änderte sich das. 1990 gab es ein großes Rockkonzert auf dem Potsdamer Platz, zu dem mehr als 300 000 Menschen kamen. Danach wurde der Potsdamer Platz zur größten Baustelle Europas. Große Firmen bauten dort mit modernen Hochhäusern einen neuen Stadtteil.

sein – war

8 Präteritum der unregelmäßigen Verben. Ergänzen Sie die Tabelle.

	geben	kommen	gehen	wissen	denken
ich				*wusste*	
du	*gabst*				
er/es/sie/man					
wir			*gingen*		
ihr		*kamt*			
sie/Sie					*dachten*

9a Unregelmäßige Verben. Schreiben Sie eine Liste mit Infinitiv, Präteritum und Perfekt. Hören Sie dann zur Kontrolle.

18

geben • lassen • werden • stehen • finden • gehen • wissen • kennen • denken • mögen

hat gefunden • hat gedacht • hat gestanden • hat gegeben • hat gelassen • ist geworden • hat gekannt • ist gegangen • hat gemocht • hat gewusst

dachte • kannte • ließ • ging • fand • wurde • stand • mochte • gab • wusste

Infinitiv	Präteritum	Perfekt
geben	gab	hat gegeben
lassen		

9b Hören Sie noch einmal und sprechen Sie nach.

18

9c Einige Verben benutzt man häufig im Präteritum. Ergänzen Sie diese Verben in der richtigen Form.

1 • Warum hast du das Kleid nicht gekauft?

   • Ich .... die Farbe nicht. (mögen)

   • Echt? Ich .... die Farbe nicht schlecht. (finden) Grün steht dir immer gut.

2 • Hat der Download funktioniert?

   • Nein, es .... leider nicht (gehen). Das Internet war nicht stabil.

3 • Wo .... du? (sein) Ich habe heute Nachmittag lange auf dich gewartet.

   • Oh, tut mir leid, das .... ich nicht (wissen). Ich ...., dass wir uns abends treffen wollten. (denken)

4 • Und? Hast du das Smartphone aus der Werbung gekauft?

   • Nein, ich .... zu spät (sein). Es .... keine mehr (geben), sie

   .... ausverkauft. (sein)

5 • .... du die Frau? (kennen)

   • Nein, ich habe sie noch nie gesehen. Ich weiß nicht, warum sie mich gegrüßt hat.

10 Meine Großeltern. Ergänzen Sie die Verben im Präteritum.

Meine Großeltern .... in der Nähe einer kleinen Stadt. Mein Großvater

.... in der Stadt einen kleinen Laden für Lebensmittel. Damals

.... es nur wenige Autos. Er .... zu Fuß von zu Hause zu

seinem Laden oder er .... mit dem Fahrrad. Seine Arbeit ....

ihm sehr. Weil er sehr freundlich ...., ... er viele Kunden.

Meine Großmutter .... um die Kinder und das Haus.

Sonntags .... mein Großvater nicht. Die Familie .... zusam-

men zur Kirche. Nachmittags

.... oft die Ver-

wandten und sie

.... Kaffee und

.... Kuchen. Ich

.... meine Großel-

tern sehr gerne und war immer

froh, wenn ich sie besuchen

....

C Zeitzeugen

19

11 Hören Sie das Interview und kreuzen Sie an: Richtig oder falsch?

		R	F
1	Herr Jonas hat selten draußen gespielt.	☐	☐
2	Er glaubt, dass die Kinder heute mehr Bücher lesen als früher.	☐	☐
3	Herr Jonas hat oft das Kinderprogramm im Radio gehört.	☐	☐
4	In seiner Kindheit hat die ganze Familie oft am Samstag ferngesehen.	☐	☐
5	Er denkt, dass das Fernsehen für die Kinder heute nicht mehr so wichtig ist.	☐	☐
6	Herr Jonas hatte strenge Eltern.	☐	☐
7	Seine Lehrer am Gymnasium waren strenger als seine Grundschullehrer.	☐	☐
8	Herr Jonas hatte eine schöne Kindheit.	☐	☐

12 Schreiben Sie die Sätze mit *als*. Verwenden Sie das Perfekt oder das Präteritum.

1 anhalten – die Polizei – mich – letzte Woche / werden – nervös – ein bisschen – ich

....

2 anfangen – gestern – der Regen / fahren – ich – mit dem Fahrrad – gerade

....

3 machen – das Abitur – ich / sein – 18 Jahre alt – ich

....

4 sein – durcheinander – wir – sehr / hören – wir – von dem Unfall – heute Morgen

....

5 sich gemütlich hinsetzen – sie / es – klingeln – an der Tür

....

13 Einmal oder mehrmals – *wenn* oder *als*? Was passt? Ergänzen Sie.

1 .... sie nach Deutschland kam, konnte sie noch kein Deutsch.

2 .... sie einkaufen gegangen ist, musste sie immer auf die Dinge zeigen, die sie kaufen wollte.

3 .... sie einmal in einem Supermarkt war, hatte sie ihr Geld vergessen und konnte es nicht erklären.

4 Oft .... sie die Nachbarn getroffen hat, hat sie versucht, ein bisschen Deutsch zu sprechen.

5 .... sie die DTZ-Prüfung bestanden hat, war sie sehr froh.

6 Immer .... es ein Problem bei der Arbeit gab, konnte sie es auf Deutsch lösen.

14 Welches Verb ist richtig? Kreuzen Sie an.

Hallo Amanda,

jetzt will ich dir endlich von meinem Vorstellungsgespräch, das ich letzte Woche bei der Firma Zapf hatte, erzählen. Als ich in der Firma ...1..., hat mich ein freundlicher Mann an der Rezeption ...2... und wir sind in einen Besprechungsraum ...3.... Da ...4... schon zwei andere Mitarbeiter der Firma. Das Gespräch ...5... ganz locker. Ich sollte über mich erzählen und die Leute haben mich auch ...6..., was ich über die Firma weiß und was ich besonders gut kann. Ich ...7... sehr viel und meine Antworten waren sicher. Es hat mir sehr ...8... , dass ich das Bewerbungsgespräch mit dir geübt habe. Ich bin optimistisch, dass ich eine positive Antwort ...9... .

Viele Grüße

dein Sascha

1 A ☐ angekommen
   B ☐ ankam
   C ☐ ankommen

2 A ☐ abholen
   B ☐ abholte
   C ☐ abgeholt

3 A ☐ gehen
   B ☐ gegangen
   C ☐ gingen

4 A ☐ sitzen
   B ☐ saßen
   C ☐ gesessen

5 A ☐ beginnt
   B ☐ begann
   C ☐ begonnen

6 A ☐ gefragt
   B ☐ fragen
   C ☐ fragten

7 A ☐ gewusst
   B ☐ wussten
   C ☐ wusste

8 A ☐ half
   B ☐ helfen
   C ☐ geholfen

9 A ☐ bekomme
   B ☐ bekam
   C ☐ bekommen

15 Schreibtraining. Stellen Sie die markierten Satzteile auf Position 1 im Satz, und schreiben Sie den Text neu.

Ich bin in Berlin geboren.

Ich habe bis 2004 auch in Berlin gewohnt.

Die Firma von meinem Vater ist 2003 kaputtgegangen.

Mein Vater ist deshalb arbeitslos geworden und hat lange nach einer neuen Stelle gesucht.

Er hat schließlich 2004 eine neue Stelle in Flensburg bekommen, und ich bin mit meinen Eltern umgezogen.

Ich bin nach der Schule wieder umgezogen, weil ich keine Stelle in Flensburg finden konnte.

Ich wohne jetzt schon vier Jahre in Dortmund, und es gefällt mir gut hier.

16a Lesen Sie das Märchen und ordnen Sie die Bilder den Textabschnitten zu. Was denken Sie, wie geht es weiter?

Hans im Glück

Nach sieben Jahren im Dienst eines Müllers wollte Hans wieder zurück zu seiner Mutter. Der Müller gab ihm als Lohn für seine Arbeit ein großes Stück Gold. Auf dem Heimweg aber drückte der Goldklumpen immer schwerer auf seine Schultern. Als er einen Reiter sah, rief er: „Ich würde auch gern auf einem Pferd sitzen!" „Wir wollen tauschen", sagte der Reiter. „Ich gebe dir mein Pferd und du gibst mir dein Gold."

So geschah es und Hans ritt zufrieden auf dem Pferd weiter. Als aber das Pferd anfing zu traben, fiel Hans herunter. Ein Bauer, der eine Kuh an der Hand führte, hielt das Pferd fest und Hans sagte: „Ach, das Reiten macht keinen Spaß. Aber so eine Kuh gefällt mir, denn sie gibt jeden Tag Milch." Der Bauer antwortete: „Wenn dir die Kuh so gut gefällt, können wir tauschen." Hans stimmte zu. Der Bauer nahm das Pferd und ritt eilig davon. Hans nahm fröhlich die Kuh und zog weiter.

Als er aber die Kuh melken wollte, kam kein Tropfen Milch und schließlich gab ihm die Kuh auch noch einen Tritt. In dem Moment kam ein Metzger vorbei, der ein Schwein mit sich führte. Hans sagte: „So ein Schwein ist viel ruhiger als eine Kuh." Der Metzger war gerne bereit, mit Hans zu tauschen.

Bald traf Hans einen Burschen mit einer Gans und erzählte ihm seine Geschichte. Der Bursche sagte: „Pass auf, Hans, im Nachbardorf hat jemand ein Schwein gestohlen. Jetzt suchen sie den Dieb und ich glaube, das da ist das gestohlene Schwein." Hans bekam Angst und bat den Burschen, die Gans gegen das Schwein zu tauschen. „Wenn ich dir so helfen kann, will ich es gerne tun", antwortete der Bursche. Als Hans weiterging, dachte er bei sich: „Eigentlich habe ich einen guten Tausch gemacht. So haben meine Mutter und ich am Sonntag einen schönen Gänsebraten."

Als er durch das letzte Dorf kam, traf er einen Scherenschleifer. „Wo hast du die schöne Gans gekauft?", frage er Hans, der ihm seine Geschichte erzählte. „Du hast dir immer zu helfen gewusst", sagte der Scherenschleifer. „Wenn du es jetzt auch verstehst, immer Geld in die Tasche zu bekommen, ist dein Glück gemacht." „Wie kann ich das tun?", fragte Hans. „Werde Scherenschleifer so wie ich", antwortete der Scherenschleifer. „Dafür brauchst du nur Schleifsteine, alles andere findet sich schon. Du kannst gerne meine bekommen, ich möchte nur die Gans von dir." Wieder kam es zum Tausch.

 16b Hören Sie das ganze Märchen. Ist Hans am Ende glücklich oder unglücklich? Warum?

wahrscheinlich ....

A Lebensläufe

Promi-Lexikon, das, -Lexika ....

Ausgabe, die, -n ....

Preisverleihung, die, -en ....

gehören (zu) ....

Sänger/in, der/die, -/-nen ....

als (Konjunktion) ....

aus}wandern ....

Musicaldarsteller/in, der/die, -/-nen ....

Auftritt, die, -e ....

Theaterproduktion, die, -en ....

Musical, das, -s ....

Demo-CD, die, -s ....

Künstlermanager/in, der/die, -/-nen ....

veröffentlichen ....

Album, das, Alben ....

unendlich ....

erreichen ....

Fernsehserie, die, -n ....

folgen ....

Fernsehauftritt, der, -e ....

Moderator/in, der/die, -en/-nen ....

Fan, der, -s ....

Konzerttour, die, -en ....

Musikpreis, der, -e ....

Hit, der, -s ....

Schauspieler/in, der/die -/-nen ....

Lebensjahr, das, -e ....

bis (Konj.) ....

Rockband, die, -s ....

Leadsänger/in, der/die, -/-nen ....

Theater, das, - ....

Kommissar/in, der/die, -e/-nen ....

autobiografisch ....

Erzählung, die, -en ....

Kriegswaise, der/die, -n ....

ehemalig ....

Sportlehrer/in, der/die, -/-nen ....

Talent, das, -e ....

wenn ....

B Zeitgeschichte

Zeitgeschichte, die, Sg. ....

Tempo, das, Sg. ....

Autoproduktion, die, -en ....

wachsen, wuchs, ist gewachsen ....

vor allem ....

ca. (= circa) ....

Straßenverkehr, der, Sg. ....

Pkw, der, -s ....

Volk, das, "-er ....

Motorradfahrer/in, der/die, -/-nen ....

Autofahrer/in, der/die, -/-nen ....

staunen ....

besonders ....

auf}stellen ....

Autoverkehr, der, Sg. ....

zu|nehmen	....
steigen	....
Verkehrsunfall, der, "-e	....
sterben	....
Krieg, der, -e	....
Zeppelin, der, -e	....
Luftschiff, das, -e	....
Flugzeugverkehr, der, Sg.	....
Passagier/in, der/die, Passagiere	....
Passagierflugzeug, das, -e	....
Stummfilm, der, -e	....
Strecke, die, -n	....
Flugschiff, das, -e	....
beeindruckend	....
bereits	....
Schnellverbindung, die, -en	....

Aussicht, die, (hier:) Sg.	....
Champagner, der, -	....

C Zeitzeugen

Zeitzeuge/Zeitzeugin, der/die, -n/-nen	....
zerstören	....
klettern	....
sich erinnern	....
Lehrling, der, -e	....
frieren	....
mehrmals	....
reif	....
Ernte, die, -n	....
Fischer/in, der/die, -/-nen	....

1   Lesen Sie die Worterklärungen. Welches Wort aus der Wortliste passt? Ergänzen Sie.

....
ein Lied, das sehr erfolgreich ist und das sehr viele Menschen kennen und lieben

....
eine Person, die zum Beispiel einen Sänger oder eine Sängerin oder einen Fußballverein ganz toll findet

....
mehrere Lieder von einer Musikgruppe, die zusammengehören und die man zusammen kaufen kann

....
ein Theaterstück mit moderner Musik (Unterhaltungsmusik), in dem die Schauspieler singen und tanzen

....
eine besondere Fähigkeit. Wenn man z. B. sehr gut singen, schauspielern oder Mathematik kann, hat man ein ....

  2   Wörter hören und nachsprechen. Hören Sie zu und sprechen Sie nach.
21

1   veröffentlichen – sich erinnern – beeindruckend – vor allem
2   das Musical – der Fan – das Talent – die Fernsehserie
3   die Passagiere (Pl.) – der Straßenverkehr – zunehmen – wachsen

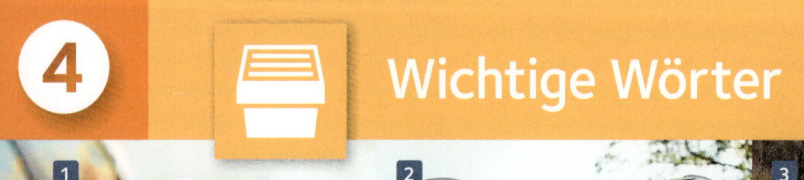

Wichtige Wörter

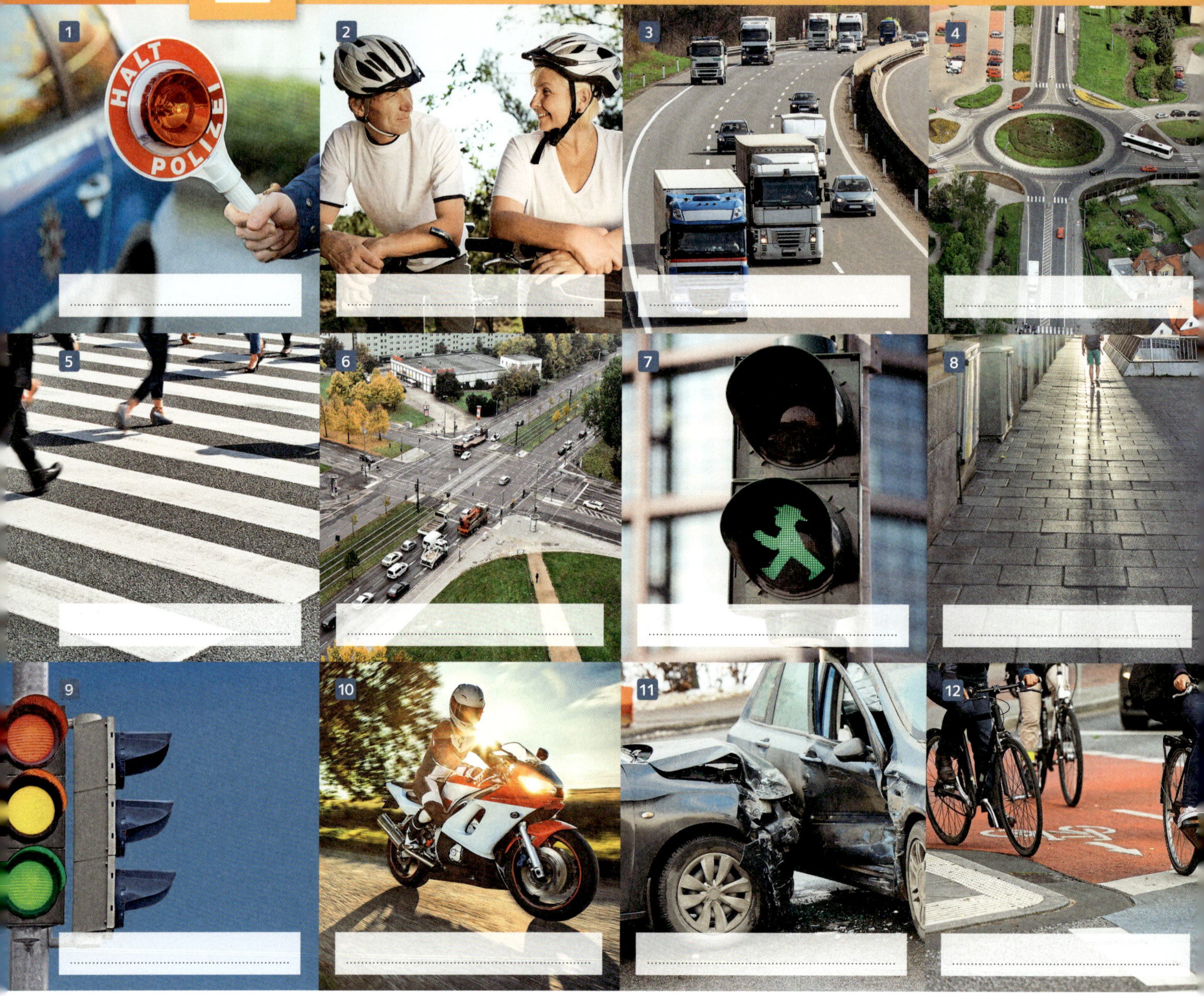
1
HALT
POLIZEI
2
3
4
5
6
7
8
9
10
11
12

3 Ergänzen Sie die Wörter.

die Ampel, -n • die Fußgängerampel, -n • der Fahrradweg, -e • der Bürgersteig, -e • der Verkehrsunfall, ″-e • die Kreuzung, -en • der Zebrastreifen, - • der Helm, -e • der Kreisel, - • die Autobahn, -en • der Motorradfahrer, - • die Polizeikontrolle, -n

4 Hören Sie die neuen Wörter und sprechen Sie nach.

22

5 Schreiben Sie Sätze mit den Wörtern zu den Fotos.

über Verkehr sprechen

an der Kreuzung stehen /abbiegen – über die Kreuzung fahren – über die Straße gehen – auf der Straße / auf der Autobahn / auf dem Radweg fahren – auf dem Bürgersteig gehen – durch den Kreisel fahren – an der Ampel stehen/warten – Bei Rot muss man ... – Bei Grün darf man ... – mit Helm fahren – mit dem Motorrad / mit dem Fahrrad / mit dem Auto fahren – die Geschwindigkeit kontrollieren

6 Hören Sie. Zu welchem Foto passt die Beschreibung? Ordnen Sie zu.

23

7a Vergleichen Sie die Situation auf dem Foto mit der Situation in Ihrem Heimatland.
Wählen Sie ein Foto aus und schreiben Sie Fragen.

> Gibt es in Ihrem Heimatland auch ...?
> Fahren die Autos in Ihrem Heimatland auch ...?
> Kann man in Ihrem Heimatland auch ...?

7b Arbeiten Sie zu zweit. Fragen und antworten Sie.

> In meinem Heimatland ist das
> (ganz) anders. Man ... / Es gibt ...

> Bei uns ist die Situation ähnlich. Man ... / Es gibt ...

> Bei uns ist es auch so wie in Deutschland. Es gibt ...

1 Über meine Arbeit. Ergänzen Sie die Sätze.

Der B__tr__ __b, in dem ich arbeite, hat 900 M__t__rb__ __ t__r. Ich arbeite in der

__ __nk__ __fs__bt__ __l__ng. Meine __ __fg__b__ ist es, Material für die

Pr__ __ukt__ __n zu kaufen. Auch mein Vater und meine Schwester arbeiten hier. Mein

Vater arbeitet im L__g__r und meine Schwester am __mpf__ng. Ich will K__rr__ __ __r__

machen und hoffe, dass ich später in der G__sch__ftsf__hr__ng arbeiten kann.

A Ein Arbeitskonflikt

2a In der Kantine. Hören Sie das Gespräch der Matzon-Mitarbeiter und kreuzen Sie an: Richtig oder falsch?

	R	F
1 Ali glaubt, dass die Verhandlungen Erfolg haben.	☐	☐
2 Eva glaubt, dass man einen Kompromiss findet.	☐	☐
3 Eva hat Angst, keine neue Stelle zu finden.	☐	☐
4 Ali findet das, was Eva sagt, nicht richtig.	☐	☐

2b Hören Sie das Gespräch noch einmal und beantworten Sie die Fragen in Ihrem Heft.

1 Was sagt Eva über ihre Chancen, eine neue Arbeit zu finden?
2 Warum möchte Ali gerne weiter bei Matzon arbeiten?
3 Warum ist es für die Stadt wichtig, dass das Matzon-Werk nicht schließt?

3a Wie heißen die Adjektive? Ergänzen Sie.

1 ohne Beispiel – *beispiellos* ....
2 ohne Kinder – ....
3 ohne Kosten – ....
4 ohne Wolken – ....
5 ohne Ergebnis – ....
6 ohne Ruhe – ....

3b Ergänzen Sie die Sätze mit den Adjektiven aus 3a.

1 Die Verhandlungen blieben leider ....
2 So etwas hat es noch nie gegeben. Das ist .... in der Geschichte.
3 Für Kontoauszüge muss man jetzt bezahlen. Sie sind nicht mehr ....
4 Er konnte nicht schlafen und lief .... durch die Wohnung.
5 Heute scheint die Sonne und der Himmel ist ....
6 Viele Paare können oder wollen keine Kinder bekommen und bleiben ....

4 Was passt zusammen? Verbinden Sie.

1 Sie wussten nicht, was sie sagen sollten.   **A** Man kann sie problemlos lösen.
2 Carlo weiß nicht, wie er die ganze Arbeit schaffen soll.   **B** Er ist wohnungslos.
    C Sie waren wirklich sprachlos.
3 Die Aufgabe ist sehr leicht.   **D** Er ist ganz hilflos.
4 Der Mann hat keine Adresse.

5a Wie heißt die Negation? Ergänzen Sie.

1 vernünftig – *unvernünftig*   4 zufrieden – ....

2 höflich – ....   5 pünktlich – ....

3 geduldig – ....   6 geeignet – ....

5b Mit oder ohne *un*-? Ergänzen Sie die Sätze mit Adjektiven aus 5a.

1 Ich verstehe nicht, dass er so wenig Sport macht. Ich finde das sehr ....

2 Er ist für eine Stelle als Maler ...., weil er Rückenprobleme hat.

3 Warum kommst du so spät? Du bist nie ....

4 Ich verstehe nicht, warum du nicht warten kannst. Warum bist du so ....?

5 Ich habe einen sehr .... Nachbarn, er grüßt immer freundlich.

6 Meine Wohnung gefällt mir nicht. Ich bin .... und suche jetzt ein Haus.

6 Maria Pustovas Meinung zu der Einigung bei Matzon. Was ist richtig? Kreuzen Sie an.

Ich finde die Einigung nicht gut. Ich verstehe, dass die Firma gegen die Konkurrenz eine Chance haben muss und die Produktion in einem anderen Land ist sicher billiger. Aber was ist mit uns, den Menschen hier in Unterrode? Ich bin sehr froh, denn ich verliere meinen Arbeitsplatz nicht. Aber ich habe viele Kollegen, die jetzt arbeitslos werden. Sie bekommen eine Abfindung, aber sie brauchen auch wieder Arbeit. Viele sind nicht sicher, ob sie nach einer Fortbildung schnell wieder eine Stelle finden. In Unterrode sind die Chancen nicht gut. Auch die Kollegen, die bleiben, wissen nicht, wie lange ihre Arbeitsplätze sicher sind.

1 ☐ Maria Pustova findet die Einigung schlecht.
2 ☐ Sie versteht nicht, warum die Firma in einem anderen Land produzieren will.
3 ☐ Sie kann weiter bei Matzon arbeiten.
4 ☐ Für die Kollegen, die arbeitslos werden, ist es schwer, in Unterrode Arbeit zu finden.
5 ☐ In der Firma bleibt die Zukunft der Mitarbeiter ein wichtiges Thema.

7 Welches Adjektiv passt? Markieren Sie.

1 Wenn man die Arbeit verliert, ist man wohnungslos/arbeitslos/unhöflich.
2 Ich finde, dass Fernsehsendungen oft unzufrieden/uninteressant/unfreundlich sind.
3 Nach der Einigung bei Matzon waren nicht alle Mitarbeiter unehrlich/zufrieden/nervös.
4 Sie kommt oft zu spät ins Büro. Sie ist unpünktlich/pünktlich/unordentlich.
5 Im Gespräch hat man keine Lösung gefunden. Das Gespräch war namenlos/erfolglos/
   sprachlos.
6 Für Kinder muss es Regeln geben. Eine regellose/kostenlose/fehlerlose Erziehung
   finde ich falsch.

8a Wie heißen die Nomen? Ergänzen Sie.

1 jugendlich – der/die *Jugendliche*   4 alt – der/die _____

2 beschäftigt – der/die _____   5 jung – der/die _____

3 deutsch – der/die _____   6 fortgeschritten – der/die _____

8b Ergänzen Sie die Sätze mit Nomen aus 8a.

1 Nach dem Anfängerkurs besucht er einen Spanischkurs für _____.

2 Meine Oma sagt immer: „Die Jungen sollten den _____ helfen und die Alten

   den _____.“

3 Im Jugendsportverein gibt es viele Angebote für die _____ aus dem Dorf.

4 Die Frage ist, was mit den 1.500 _____ der Firma passiert.

5 Eine Frau mit einem deutschen Pass ist eine _____.

B   Die schriftliche Bewerbung

9 Wiederholung – Bewerbung. Ergänzen Sie die Sätze.

> an • ti • bo • bungs • ben • fo • ge • kum • lauf • platz • schrei •
> te • to • bil • dungs • bungs • bens • wer • wer

1 Für eine Bewerbung braucht man ein Be_____

   und einen Le_____.

2 Stellen_____ findet man in der Zeitung oder im Internet.

3 Auf dem Be_____ sollte man freundlich aussehen.

4 Wenn man einen Beruf lernen will, braucht man einen Aus_____.

5 Viele Leute versuchen, durch ein Prak_____ eine Arbeit zu bekommen.

10a Lesen Sie die Stellenanzeige. Wo finden Sie die passende Information zu den Fragen? Notieren Sie die Zeilennummer.

Wir suchen für die Firma PRIMA-Elektrogeräte aus Hagenow eine/n

kaufm. Mitarbeiter m/w für den Verkauf

Sie bearbeiten Kundenanfragen und kümmern sich um Kontakte zu neuen Kunden.

Voraussetzungen:

5 - kaufmännische Ausbildung, 2-3 Jahre Berufserfahrung in der Elektroindustrie
- PC-Kenntnisse
- sehr gute Spanischkenntnisse, gute Englischkenntnisse
- Sie lernen schnell. Sie sind flexibel, teamfähig, engagiert und haben Spaß am Verkauf.

10 Bewerben Sie sich per E-Mail, schriftlich oder per Telefon. Senden Sie schriftliche Bewerbungen bitte in einer einfachen Mappe mit Zeugnissen, Foto und Lebenslauf.

N-JOB Personalservice:

Frau Olga Pankow   Tel.: 0385-5959342
15 Schlosshof 16   Fax: 0385-5959341
19055 Schwerin   E-Mail: service@n–job.de

1 ☐ Wie lange sollte man für die Stelle schon in dem Beruf arbeiten?
2 ☐ Wofür ist der neue Mitarbeiter / die neue Mitarbeiterin zuständig?
3 ☐ Welche Sprachen sind für die Stelle wichtig?
4 ☐ Welche Arbeitnehmereigenschaften sind wichtig?
5 ☐ Wer ist der Ansprechpartner / die Ansprechpartnerin für die Bewerbung?

10b Hugo Perez möchte sich auf die Stelle in 10a bewerben. Welche Informationen sind für sein Bewerbungsschreiben wichtig? Lesen Sie den Text und machen Sie eine Tabelle in Ihrem Heft.

Ich bin 25 Jahre alt. Ich bin nicht verheiratet, aber ich habe eine Freundin. Meine Ausbildung zum kaufmännischen Angestellten habe ich bei der Firma Elektro Lortzing in Rostock gemacht. Seit drei Jahren arbeite ich im Elektromarkt Super. Ich bin jetzt für den Einkauf verantwortlich, aber ich habe auch ein Jahr Erfahrung in der Kundenbetreuung. Ich spreche sehr gut Spanisch und Englisch und ich habe gute PC-Kenntnisse. Ich fahre gerne Motorrad und liebe Fußball. Ich kann zu jeder Zeit und an jedem Ort arbeiten. Ich lerne schnell, arbeite gern in meinem Beruf und suche eine neue Stelle, weil ich gerne mehr mit Kollegen zusammenarbeiten und sehr gerne mehr im Verkauf arbeiten möchte.

Ausbildung	Berufserfahrung	Sprachkenntnisse / Eigenschaften	Wünsche

11a Was passt zusammen? Verbinden Sie die Satzteile.

1 Ich bewerbe mich auf diese Stelle,	A sicher in Wort und Schrift.
2 Ich beherrsche Englisch und Spanisch	B für den Einkauf.
3 Seit drei Jahren bin ich	C würde ich mich sehr freuen.
4 Ich bin unter anderem zuständig	D weil ich gern mehr im Verkauf arbeiten möchte.
5 Über die Möglichkeit zu einem persönlichen Gespräch	E kaufmännischer Angestellter beim Elektromarkt Super.

11b Hugo Perez bewirbt sich auf die Stelle in 10a. Schreiben Sie seinen Bewerbungsbrief.

Hugo Perez
Gartenstraße 21
19053 Schwerin

N-JOB Personalservice
Frau Olga Pankow
Schlosshof 16
19055 Schwerin

Schwerin, 20. Oktober 20…

Ihr Stellenangebot in der Ostsee-Zeitung vom 17.10.20…

Sehr geehrte Frau Pankow,
mit großem Interesse habe ich …

12 Suchen Sie im Internet oder in einer Zeitung eine Stellenanzeige, die Sie interessiert, und schreiben Sie einen Bewerbungsbrief.

13 Hören Sie die Nachrichten für Frau Yang. Was ist richtig? Kreuzen Sie an.

25

1 ☐ Frau Yang soll am 1.7. um 9 Uhr zum Vorstellungsgespräch kommen.
2 ☐ Frau Yang soll Frau Burggraf anrufen.
3 ☐ Frau Yang soll noch weitere Zeugnisse an Herrn Mursil schicken.

14a Was machen die Leute vorher? Schreiben Sie Sätze mit *bevor*.

1 Herr Mattes geht duschen. Vorher putzt er Zähne.

Bevor Herr Mattes .... , ...

2 Frau Antes geht einkaufen. Vorher schreibt sie einen Einkaufszettel.

Frau Antes .... , ...

3 Marianne und Luis planen ihren Urlaub. Vorher stellt Luis einen Antrag auf Urlaub.

.... , ...

14b Was machen die Leute gleichzeitig? Schreiben Sie Sätze mit *während*.

1 Peter trinkt Kaffee. Gleichzeitig liest er die Zeitung.

Während _____ , _____ .

2 Herr Huizinga kocht. Frau Huizinga spielt mit den Kindern.

Frau Huizinga _____

3 Alina bügelt die Hemden. Ihr Mann sieht fern.

_____

14c Was machen die Leute danach? Schreiben Sie Sätze mit *nachdem*.

1 Familie Tasaki hat Mittag gegessen. Frau Tasaki bringt die Kinder zum Fußballtraining.

Nachdem _____

2 Sie haben genug Geld gespart. Sie machen eine Reise um die Welt.

_____

3 Herr Konrad hat einen Kunden besucht. Er fährt zurück ins Büro.

_____

15 Was machen die Leute vorher, gleichzeitig und danach? Ergänzen Sie die Sätze zu den Bildern.

1 Bevor sie in den Park fahren, _____

2 Während die Eltern grillen, _____

3 Nachdem sie gegessen haben, _____

4 Bevor Herr Pusch ins Büro fährt, _____

5 Während er einen Bericht schreibt, _____

6 Nachdem er diese Arbeit beendet hat, _____

16 Was machen Sie vorher, gleichzeitig und danach? Wählen Sie eine Situation aus und schreiben Sie Sätze.

1 Sie frühstücken.   **2** Sie backen einen Kuchen.   **3** Sie machen eine Radtour.

Bevor ....

Während ....

Nachdem ....

C Die Gehaltsabrechnung

17 Ergänzen Sie den Text.

> Steuern • Solidarzuschlag • Nettogehalt • Bruttogehalt •
> Arbeitslosenversicherung • Kirchensteuer • Sozialversicherung

Frau Klas ist Verkäuferin von Beruf. Sie hat ein .... [1] von 1 900 Euro.

Als .... [2] an den Staat bezahlt sie 193,14 Euro: 183,08 Euro für

die Lohnsteuer und 10,06 Euro für den .... [3].

Für die .... [4], also die Kranken, Pflege-, Renten-

und .... [5] bezahlt sie 389,03. Frau Klas ist

nicht Mitglied in der Kirche, deshalb bezahlt sie keine .... [6].

Ihr .... [7] ist 1 317,83 Euro.

18 Schreibtraining. Welche Worte brauchen einen Umlaut? Schreiben Sie den Text richtig in Ihr Heft.

Fehler +++ Fehler +++ Fehler

Sehr geehrte Damen und Herren,

mit großem Interesse habe ich Ihre Anzeige fur einen kaufmannischen Angestellten gelesen. Die Tatigkeit interessiert mich, weil ich gerne selbststandiger arbeiten will. Seit drei Jahren bin ich in der Firma Elektromarkt Super fur die Kundenkontakte zustandig und denke, dass meine Berufserfahrung auch in Ihrem Betrieb nutzlich sein kann.

Uber die Moglichkeit zu einem personlichen Gesprach wurde ich mich freuen.

Mit freundlichen Grußen

19 Was passt zusammen? Lesen Sie die Tipps A–G und ordnen Sie sie den Sätzen 1–7 zu.

Tipps zum Bewerbungsschreiben

A Achten Sie auf die Sprache.

B Vermeiden Sie unbedingt Fehler im Bewerbungsschreiben.

C Das Bewerbungsschreiben sollte nicht mehr als eine Seite lang sein.

D Gehen Sie gezielt auf die Anforderungen des Unternehmens ein.

E Oft ist in Stellenanzeigen ein Ansprechpartner / eine Ansprechpartnerin genannt.

F Schreiben Sie nichts über Ihre Defizite und Schwächen.

G Wichtig ist auch der optische Eindruck.

1 ☑ C Eine Firma bekommt oft hunderte von Bewerbungen und niemand hat Zeit, einen endlos langen Text zu lesen.

2 ☐ Schreiben Sie höflich und verzichten Sie auf modische oder umgangssprachliche Ausdrücke.

3 ☐ Wenn dies der Fall ist, senden Sie Ihre Unterlagen zu Händen dieser Person. Nennen Sie diese Person auch oben im Briefkopf und sprechen Sie sie in der Anrede des Briefes direkt an.

4 ☐ Verwenden Sie in Ihrem Anschreiben Schlagwörter aus der Anzeige, damit Ihre Chancen auf mehr Aufmerksamkeit steigen.

5 ☐ Stellen Sie Ihre Fähigkeiten und Stärken in den Vordergrund. Ihre Chancen sind sehr schlecht, wenn Sie schreiben, was Sie nicht oder nur schlecht können. Also:

6 ☐ Lesen Sie Ihr Schreiben noch einmal sorgfältig durch und korrigieren Sie die Rechtschreibung oder andere Mängel, bevor Sie es absenden.

7 ☐ Das Bewerbungsschreiben muss ebenso wie die anderen Bewerbungsunterlagen übersichtlich, gut lesbar und sauber sein.

20a Lesen Sie die Tipps noch einmal. Was sollte man nicht machen? Notieren Sie Stichpunkte.

1 Länge des Briefes: ....

2 Sprache: ....

3 Schwächen: ....

20b Welche Tipps gibt es in Ihrem Heimatland zu Bewerbungsschreiben? Wo gibt es Unterschiede zu Deutschland, wo sind Gemeinsamkeiten? Schreiben Sie drei Sätze.

Lager, das, - ....

Produktion, die, -e ....

Konferenzraum, der, "-e ....

Abteilung, die, -n ....

Personalabteilung, die, -en ....

Direktion, die, -en ....

Geschäftsführung, die, -en ....

verantwortlich ....

A Ein Arbeitskonflikt

Arbeitskonflikt, der, -e ....

demonstrieren ....

Schließung, die, -en ....

arbeitslos ....

kämpfen ....

unmöglich ....

Vorsitzende, der/die, -n ....

Vertreter/in, der/die, -/-nen ....

Verwaltung, die, -en ....

fordern ....

drohen ....

Streik, der, -s ....

Verhandlung, die, -en ....

erfolglos ....

rentabel ....

unrentabel ....

chancenlos ....

Konkurrenz, die, Sg. ....

Angestellte, der/die, -n ....

Beschäftigte, der/die, -n ....

Unternehmen, das, - ....

Kundenservice, der, Sg. ....

Einigung, die, -en ....

Kompromiss, der, -e ....

Sozialplan, der, "-e ....

Abfindung, die, -en ....

Betriebsvereinbarung, die, -en ....

Kündigungsschutz, der, Sg. ....

garantieren ....

sichern ....

kündigen ....

Steuer, die, -n ....

B Die schriftliche Bewerbung

berufserfahren ....

tätig ....

selbstständig ....

beherrschen ....

Aufstiegsmöglichkeit, die, -en ....

Position, die, -en ....

Betrieb, der, -e ....

Kundendienst, der, Sg. ....

Kundenkontakt, der, -e ....

Anlage, die, -n ....

Zeugniskopie, die, -n ....

Detail, das, -s ....

berufliche Werdegang, der, Sg. ....

sich weiter}entwickeln ....

bevor ....

während ....

nachdem ....

C Die Gehaltsabrechnung

Abrechnung, die, -en ....

Gehaltsabrechnung, die, -en ....

Steuerklasse, die, -n ....

Bruttogehalt, das, "-er ....

Abzug, der, "-e ....

Lohnsteuer, die, -n ....

Solidarzuschlag, der, "-e ....

Kirchensteuer, die, -n ....

Krankenversicherung, die, -en ....

Pflegeversicherung, die, -en ....

Rentenversicherung, die, -en ....

Arbeitslosenversicherung, die, -en ....

Sozialversicherung, die, -en ....

Nettogehalt, das, "-er ....

Einkommen, das, - ....

Verdienst, der, -e ....

durchschnittlich ....

1 **Ergänzen Sie die Sätze.**

> Streik • Sozialplan • Betriebsrat • Verhandlungen •
> Kompromiss • Abfindung • Betriebsvereinbarung

1 Wenn es in den .... kein Ergebnis gibt, gibt es einen ....

2 Es ist möglich, dass nicht alle Mitarbeiter mit dem .... zufrieden sind.

3 Der .... hilft den Mitarbeitern bei einem Problem in der Firma, eine Lösung zu finden.

4 Die Mitarbeiter, die ihre Arbeit verlieren, erhalten eine .... und es gibt auch eine .... für einen ....

2 **Was passt noch zu den Stichworten? Ergänzen Sie passende Wörter.**

1 die Gehaltsabrechnung, die Lohnsteuer, die Krankenversicherung, ...

2 die Personalabteilung, das Lager, die Einkaufsabteilung, ...

3 **Wörter hören und nachsprechen. Hören Sie zu und sprechen Sie nach.**

1 unwichtig – unmöglich – unsicher – unzufrieden
2 chancenlos – problemlos – sprachlos – beispiellos
3 die Abfindung – der Sozialplan – die Betriebsvereinbarung

5 Wichtige Wörter

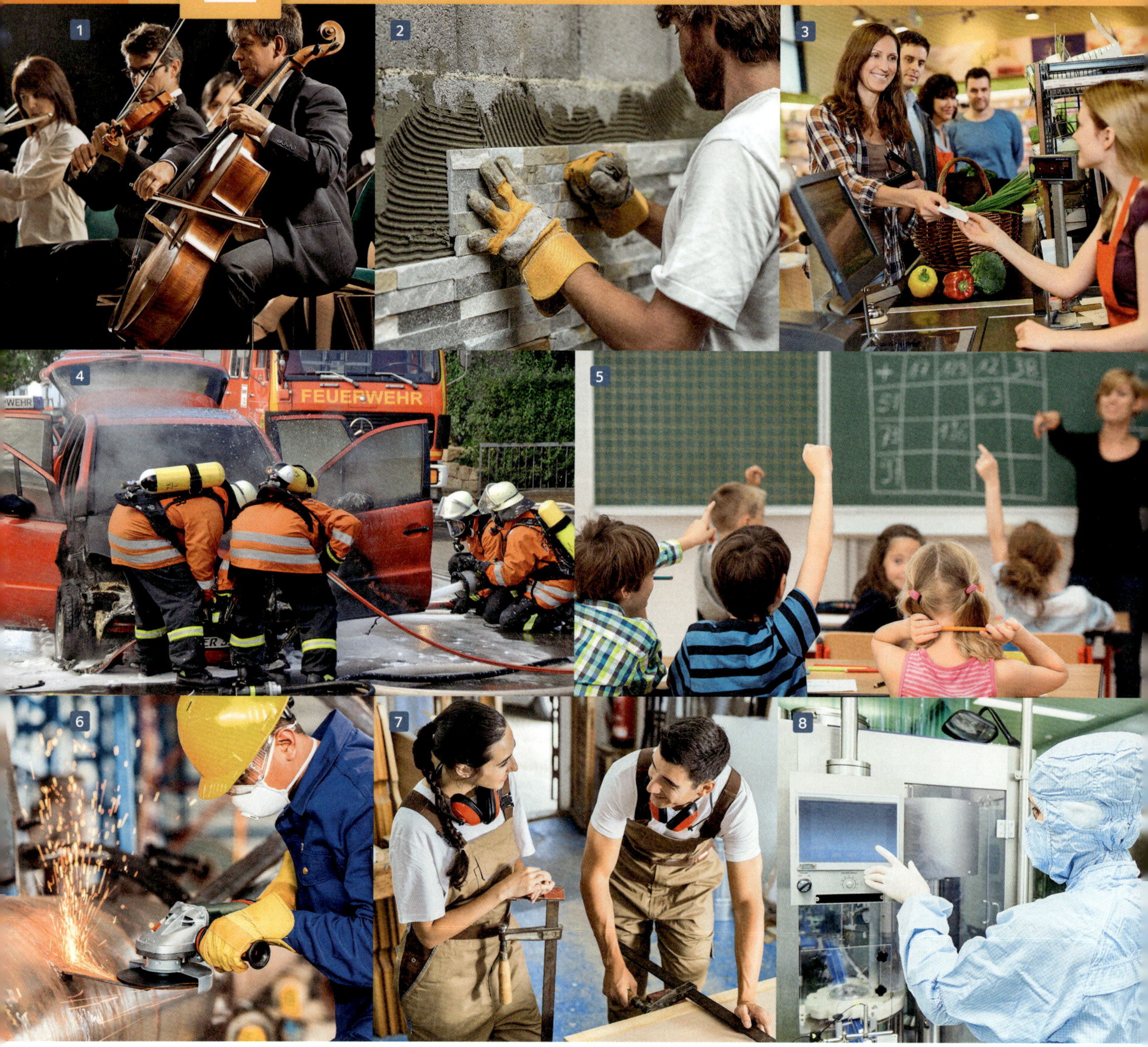

4a Welche Berufe sind auf den Fotos 1–8 abgebildet? Sammeln Sie im Kurs.

4b Arbeiten Sie zu zweit. Wählen Sie einen Beruf aus und notieren Sie fünf Wörter oder Ausdrücke zu dem Beruf.

1. Musiker
2. das Orchester
3. ein Instrument spielen

4c Tauschen Sie Ihre Wörter mit einem anderen Lernpaar aus. Schreiben Sie einen Text, in dem die fünf neuen Wörter vorkommen.

Auf dem Foto sind Musiker in einem Orchester. Sie spielen verschiedene Instrumente ...

5a Bilden Sie Dreiergruppen. Wählen Sie ein Foto aus 9–16 und sammeln Sie passende Wörter und Ausdrücke.

> Foto 9: einen Vortrag halten – der Redner – gespannt zuhören – das Thema – interessant – das Publikum

5b Beschreiben Sie das Foto in ganzen Sätzen.

> Auf dem Foto hält ein Redner einen interessanten Vortrag. Das Publikum hört gespannt zu...

6 Arbeiten Sie zu zweit. Was sprechen die Leute? Wählen Sie ein weiteres Foto aus und schreiben Sie einen Dialog.

1a Was Leuten im Leben wichtig ist. Lesen und ergänzen Sie die Texte.

*Wir haben unsere Leser und Leserinnen gefragt,
was für sie persönlich im Leben wichtig ist.*

Ich heiße Nadia Meier, bin verheiratet und habe zwei kleine Kinder. Das Wichtigste für mi__ in meinem Leben is_ meine kleine Familie, di_ ich sehr liebe. E_ ist wichtig für mi__, dass meine Kinder un_ mein Mann gesund si__ und dass es ihn__ gut geht. Wichtig fü_ meine Kinder ist ei__ gute Bildung, damit si_ später Chancen im Leb__ haben. Mein Beruf is_ mir auch wichtig, ab__ weniger als die Familie.

Ich heiße David Phan. Ich bin 18 un_ mache diesen Sommer me__ Abitur. Für mich si__ meine Freunde und mei__ Familie und die Mus__ wichtig im Leben. Mei__ Freunde und meine Fami___ helfen mir und ic_ kann ihnen immer vertr____. Und die Musik is_ mehr als ein Hob__ für mich. Ich lie__ Musik, ich höre vi__ Musik und ich mac__ auch selbst Musik. Ei_ Leben ohne Musik ka__ ich mir nicht vorst_____.

Mein Name ist Carine Leuko. Ich bin jetzt 27 Jah__ alt und bin Informa_____. Früher hatte ich imm__ viele Wünsche und di_ haben sich ständig geän____. Jetzt im Moment is_ es mir wichtig, da__ ich Erfolg im Ber__ habe. Ich habe vo_ einem Monat in ein__ neuen Firma angefangen un_ das ist am Anf___ nicht leicht. Ich hof__, dass es gut klap__, und wenn ich i_ ein paar Jahren Ge__ verdient habe, dann möc___ ich mir eine Eigentum_____ kaufen.

1b Was ist Ihnen im Leben wichtig? Schreiben Sie fünf Sätze.

....

....

....

....

A Wünsche und Wirklichkeit

🔊 27 **2** Was wünschen sich die Leute? Hören Sie die Interviews und ergänzen Sie die Sätze.

> Vater werden • mehr Zeit für die Familie • viel Geld • Gesundheit

1 Herr Husjew hätte gerne ....

2 Frau Sukha hätte gerne ....

3 Herr Gerba würde gerne ....

4 Frau Murmann wünscht sich ....

3a Ergänzen Sie die Verben im Präteritum und im Konjunktiv II.

	haben		sein	
	Präteritum	Konjunktiv II	Präteritum	Konjunktiv II
ich	hatte	hätte		
du			warst	wärst
er/es/sie/man				
wir				
ihr				
sie/Sie				

3b Ergänzen Sie *haben* und *sein* im Konjunktiv II.

1 • Wir .... gerne ein größeres Auto.   • Ja, das .... ich auch gerne.

2 • .... ihr gerne ein zweites Kind?   • Ja, darüber .... wir sehr glücklich.

3 • Wo .... du jetzt gerne?   • Ich .... jetzt gerne am Meer.

4 • .... du gerne eine größere Wohnung?   • Nein, ich .... lieber ein Haus.

3c Herr Meier ist unzufrieden. Schreiben Sie Sätze mit *haben* oder *sein* im Konjunktiv oder mit *würde* + Infinitiv.

1 Herr Meier spricht nur eine Sprache. (gern viele Sprachen sprechen)
2 Herr Meier hat nicht sehr viel Geld. (gern mehr Geld haben)
3 Herr Meier findet seine Arbeit langweilig. (gern eine neue Stelle finden)
4 Herr Meier ist nicht sehr sportlich. (gern sportlicher sein)
5 Herr Meier ist mit seinem Leben unzufrieden. (gern sein Leben verändern)

> *Er würde gerne viele Sprachen sprechen.*

4 Wunsch und Wirklichkeit. Schreiben Sie Sätze wie im Beispiel.

1 Es regnet. Fadi geht nicht joggen.

2 Er hat nicht genug Talent. Er ist kein Popstar.

3 Er arbeitet nicht Vollzeit. Er verdient nicht viel.

4 Sie haben nicht viel Zeit. Sie treffen sich nicht oft.

Wenn es nicht regnen würde, würde Fadi joggen gehen.

5 Lesen Sie den Dialog und unterstreichen Sie die Verben im Konjunktiv II.

- Was denkst du gerade? Du siehst so glücklich aus.
- Ich stelle mir vor, ich würde im Lotto gewinnen und müsste nicht arbeiten.
- Aha, und dann?
- Wenn ich nicht arbeiten müsste, dann hätte ich mehr Zeit für das, was mir wirklich wichtig ist. Ich könnte mich mit meinen Freunden treffen. Wir könnten über die wichtigen Dinge im Leben reden und vielleicht würde ich auch politisch aktiv. Jetzt habe ich keine Zeit dafür. Ich wäre glücklich, weil ich nicht jeden Morgen um sechs Uhr aufstehen müsste. Vielleicht würde ich trotzdem früh aufstehen, das Leben ist viel zu spannend. Aber ich könnte lange schlafen. Das wäre ein richtig gutes Gefühl.
- Oje, du solltest nicht zu viel träumen.

6 Ergänzen Sie die Verben im Präteritum und im Konjunktiv II.

	können		müssen		sollen	
	Präteritum	Konjunktiv II	Präteritum	Konjunktiv II	Präteritum	Konjunktiv II
ich	konnte	könnte				
du			musstest	müsstest		
er/es/sie/man						
wir						
ihr						
sie/Sie						

7 Schreiben Sie Sätze mit *wenn*. Benutzen Sie den Konjunktiv II.

1 sein – sechzehn Jahre – er // ausgehen – dürfen – am Samstagabend bis 24 Uhr – er

Wenn er 16 Jahre alt wäre, dürfte

2 sein – die Arbeit – weniger anstrengend // sein – nicht so müde – abends – wir

3 kaufen – ein großes Haus – wir // müssen – einen Kredit aufnehmen – wir

4 können – gehen – zum Fußball – wir // müssen – nicht putzen – die Wohnung – wir

5 sein Abschluss – sein – anerkannt // als Arzt – arbeiten – können

8 Schreiben Sie Sätze wie im Beispiel.

1 In dem Rucksack sind viele Bücher. Er kann ihn nicht tragen.

Wenn in dem Rucksack weniger Bücher wären,

könnte er ihn tragen.

2 Sie haben keine Leiter. Sie können das Zimmer nicht tapezieren.

3 Das Haus hat keinen Aufzug. Er muss die Treppe benutzen.

4 Es ist keine Milch im Haus. Sie trinkt den Kaffee ohne Milch.

9 Und Sie? Wählen Sie zwei Satzanfänge aus und ergänzen Sie die Sätze.

> Wenn ich im Lotto gewinnen würde, … • Wenn ich (keine) Kinder hätte, … •
> Wenn ich ein Vogel wäre, … • Wenn ich Bürgermeister von unserer Stadt wäre, …

10 Höflich sprechen. Benutzen Sie den Konjunktiv II von *können* oder *würde* + Infinitiv.

1 Gib mir die Zeitung. *Würdest / Könntest du mir bitte*

2 Kommt jetzt.

3 Machen Sie die Musik leiser.

4 Helfen Sie mir.

11 Ratschläge. Formulieren Sie die Sätze wie im Beispiel um.

1 Es wäre gut, wenn du den Führerschein machen würdest.
2 Es wäre besser, wenn Sie den Urlaub jetzt planen würden.
3 Ich würde mich sehr ärgern, wenn ihr unpünktlich wärt.
4 Es wäre ein Vorteil, wenn du aufs Gymnasium gehen würdest.

> *Du solltest den Führerschein machen.*

6

B Geburtstagswünsche

12 Das Hochzeitsgeschenk. Ordnen Sie den Dialog. Kontrollieren Sie mit dem Hörtext.

- ☐ Also, bis dann. Tschüss.
- ☐ Marten hat mir gesagt, dass sie sich ein schönes Bild für die neue Wohnung wünschen.
- ☐ Da hast du Recht. Du solltest sie anrufen und fragen.
- ☐ Hallo, hier Tatjana.
- ☐ Ja, das mache ich. Wir sehen uns dann auf der Hochzeit.
- ☐ Das ist ein guter Tipp. Aber die Frage ist, was den beiden gefällt.
- ☐ Hallo, Tatjana, hier ist Derek. Ich rufe wegen der Hochzeit von Marten und Paulina an. Ich weiß nicht, was ich ihnen schenken soll. Hast du eine Idee?

13 Textkaraoke. Hören, lesen und sprechen Sie die 👄-Rolle im Dialog.

👂 …

👄 Hallo, Karim. Hier ist …

👂 …

👄 Gut, alles o.k. Danke für die Geburtstagseinladung. Aber ich weiß nicht, was ich dir schenken soll.

👂 …

👄 Was magst du denn besonders gerne? Krimis?

👂 …

👄 Morgen gehe ich in die Stadt. Da finde ich sicher ein spannendes Buch für dich.

👂 …

👄 Ja, bis Freitag. Noch eine Frage: Soll ich noch etwas anderes mitbringen?

👂 …

👄 Gerne. Das wird sicher eine schöne Party. Tschüss, bis Freitag.

14 Wiederholung. Reflexivpronomen im Akkusativ. Ergänzen Sie die Sätze.

1 Ich fühle .... heute nicht gut.

2 Freust du .... über das Geburtstagsgeschenk?

3 Er hat .... mit der Lehrerin gestritten.

4 Wir haben .... gleich ineinander verliebt.

5 Ihr solltet .... lieber trennen. Eure Ehe ist kaputt.

6 Meine Eltern haben .... nie vor uns Kindern geküsst.

6

15 Reflexivpronomen im Dativ. Ergänzen Sie die Sätze und unterstreichen Sie den Akkusativ.

1 Ich habe ..*mir*.......... gestern <u>ein schickes Sommerkleid</u> gekauft.

2 Naomi geht gerne shoppen. Sie kauft .... dauernd neue Sachen.

3 Das Haus ist schön, aber leider können wir .... die Miete nicht leisten.

4 Sie haben im Lotto gewonnen, deshalb können sie .... eine Weltreise leisten.

5 Habt ihr .... das Sofa aus dem Angebot gekauft?

6 Was wünschst du .... zu Weihnachten?

16 Reflexivpronomen im Akkusativ oder Dativ? Ergänzen Sie die Sätze.

1 Ich stehe morgens um sechs Uhr auf, wasche ...., frühstücke und gehe um kurz vor sieben aus dem Haus.

2 • Wäschst du .... täglich die Haare?

    • Nein, ich wasche .... die Haare nur alle zwei Tage.

3 • Mariem, du kannst .... noch nicht alleine anziehen. Ich helfe dir.

    • Doch, Mama, ich kann .... schon alleine die Hose anziehen!

4 • Oh, hast du .... verletzt? • Ja, ich habe .... den Arm gebrochen.

C Verbraucherschutz

17a Werbung am Telefon. Frau Vidmar erzählt. Lesen Sie den Text und bringen Sie die Bilder in die richtige Reihenfolge.

Vor fünf Wochen rief mich abends eine freundliche Frau an und erzählte mir von den Vorteilen der Mitgliedschaft in einem Buchclub. Ich war sehr erschöpft und wollte das eigentlich nicht hören. Aber weil ich das Gespräch schnell beenden wollte, sagte ich ja, als sie anbot, mir Informationsmaterial zu schicken. Eine Woche später bekam ich einen Katalog und einen Brief, in dem man mich als neues Mitglied in dem Buchclub begrüßte. Ich sollte innerhalb von zwei Wochen ein Buch bestellen und bezahlen. Ich habe mich sehr über den Brief geärgert. Am nächsten Tag habe ich die Verbraucherzentrale angerufen, um mich beraten zu lassen. Der Mitarbeiter hat mir gesagt, dass ich kein Buch bestellen muss, weil ich keinen Vertrag unterschrieben habe. Ich war sehr froh, das zu hören. Ich habe dann an den Buchclub geschrieben, dass ich kein Interesse daran habe, Mitglied zu sein. Danach habe ich nichts mehr von dem Buchclub gehört. Der Anruf bei der Verbraucherzentrale hat sich für mich gelohnt!

17b Diese Sätze sind falsch. Lesen Sie den Text in 17a noch einmal und schreiben Sie die Sätze richtig in Ihr Heft.

1 Der Telefonanruf war am Nachmittag und Frau Vidmar fühlte sich gerade sehr gut.
2 Frau Vidmar interessierte sich sehr für das Angebot des Buchclubs und bestellte einen Katalog.
3 Als der Katalog des Buchclubs kam, hat sie ein Buch ausgesucht und bezahlt.

18 Verbraucherschutz. Was passt zusammen? Ordnen Sie zu.

1 Kann ich Bücher oder Kleidung umtauschen, wenn ich sie in einem Geschäft gekauft habe und sie mir nicht gefallen?
2 Ich habe auf der Straße einen Handyvertrag unterschrieben, aber ich will den Vertrag nicht mehr. Was kann ich tun?
3 Im Internet habe ich Kopfhörer bestellt und heute bekommen. Aber sie gefallen mir nicht. Was kann ich tun?
4 Ich habe erst letzte Woche einen Monitor gekauft. Jetzt ist er kaputt. Was kann ich tun?

A ☐ Reklamieren Sie das Gerät! Das Geschäft oder die Internetfirma müssen kaputte Geräte reparieren lassen oder zurücknehmen.
B ☐ Wenn man in dem Geschäft kulant ist, können Sie sie vielleicht umtauschen. Das Geschäft muss sie aber nicht zurücknehmen.
C ☐ Sie können den Vertrag innerhalb von vierzehn Tagen widerrufen, weil Sie ihn nicht in einem Geschäft unterschrieben haben.
D ☐ Sie können die Kopfhörer zurückschicken. Einkäufe im Internet kann man meistens innerhalb von 14 Tagen zurückschicken.

19 Schreibtraining. Schreiben Sie den formellen Brief in Ihr Heft. Achten Sie auf die Form.

> Feyine Bahta • Gold Gewinnspiele • 14.04.2016 •
> Sehr geehrte Damen und Herren • Mit freundlichem Gruß • *Feyine Bahta*

Leipziger Straße 15
50858 Köln

Lindenstraße 183
46147 Oberhausen

Ihre unberechtigte Forderung

Ich widerspreche dieser Forderung ausdrücklich. Wir haben nur telefoniert. Daraus können keine Forderungen entstehen. Einen Gewinnspielvertrag habe ich mit Ihnen nicht geschlossen. Wenn Sie Geld von meinem Konto abgebucht haben, lasse ich die Buchung rückgängig machen.

in Ihrem Schreiben vom 11.04.2016 behaupten Sie, dass ich einen kostenpflichtigen Vertrag über die Teilnahme an Gewinnspielen geschlossen hätte, und fordern einen Betrag in Höhe von 195 Euro.

20a Geschenke. Lesen Sie die Internetseite. Welche Geschenke schlagen die Leute vor?
Ordnen Sie zu.

A zur Hochzeit einer Freundin   **C** zum Geburtstag eines Kollegen
B zum Kindergeburtstag

☐    ☐    ☐    ☐    ☐    ☐

HERZLICH WILLKOMMEN IM GESCHENKE-TIPP-FORUM. SIE WISSEN NICHT, WAS SIE SCHENKEN SOLLEN?
BEI UNS BEKOMMEN SIE VON UNSEREN MEHR ALS TAUSEND BESUCHERN TÄGLICH VIELE IDEEN.

Geschenketipps

Jiang97 03.04.16	Ich bin zu der Hochzeit einer Freundin eingeladen und weiß nicht, was man in Deutschland zu einer Hochzeit schenkt. Habt ihr Tipps für mich?
▸ **Kwenda** 03.04.16	Bei einer Hochzeit sollten Freunde meiner Meinung nach praktische Sachen schenken, zum Beispiel einen Entsafter oder einen schönen Toaster. Oft machen die Brautpaare eine Liste mit Dingen, die sie sich wünschen. Erkundige dich, ob es eine Geschenkeliste gibt. Geldgeschenke sind ebenfalls möglich, aber ich finde sie nicht so gut. Ein Gutschein ist für mich die bessere Lösung, wenn man gar nicht weiß, was man schenken soll.
▸ **Feivel303** 04.04.16	Wenn du das Brautpaar sehr gut kennst, freuen sie sich sicher über etwas Persönliches, zum Beispiel einen digitalen Bilderrahmen mit Fotos von gemeinsamen Erlebnissen.
*Rafea 04.04.16	Ich bin auf die Geburtstagsparty eines Kollegen eingeladen und bin mir nicht sicher, ob eine CD ein angemessenes Geschenk ist. Was denkt ihr? Reicht das oder ist das zu wenig?
▸ **MichaPaul** 04.04.16	Mach keine zu teuren Geschenke! Eine gute DVD, eine Musik-CD oder eine schöne Topfblume sind meiner Meinung nach angemessen. Grüße Micha
▸ **SayMo** 04.04.16	Wenn du ein größeres Geschenk machen möchtest, leg das Geld mit deinen Kollegen zusammen. Dann kann es ein Restaurantgutschein oder ein Konzertticket sein.
Tati03 05.04.16	Meine Tochter ist zum ersten Mal zu einem Kindergeburtstag eingeladen. Bringt man da ein großes Geschenk mit oder lieber ein paar Süßigkeiten?
▸ **Regenbogen** 05.04.16	Die Geschenke für einen Kindergeburtstag sollten nicht so teuer sein. Ich finde, das Geschenk sollte nicht mehr als 10-15 Euro kosten. Geeignet sind zum Beispiel ein kleines Puzzle, ein Buch, schöne Stifte oder ein kleines Spiel. Seien Sie vorsichtig mit Spielzeugpistolen und ähnlichen Dingen, viele Eltern finden solche Geschenke nicht gut. Das gilt auch für zu viele Süßigkeiten.

20b Welche Tipps haben Sie? Wählen Sie eine Frage aus und schreiben Sie eine Antwort.

21 Zu welchen Anlässen macht man in Ihrem Heimatland Geschenke? Was schenkt man?
Schreiben Sie einen kurzen Text in Ihr Heft.

Wohlstand, der, Sg. ....

Freiheit, die, Sg. ....

A Wünsche und Wirklichkeit

Wirklichkeit, die, Sg. ....

wünschen (sich) ....

Befragung, die, -en ....

Befragte, der/die, -n ....

körperlich fit ....

unbefristet ....

Arbeitsvertrag, der, "-e ....

materiell ....

besitzen ....

finanziell ....

Sicherheit, die, -en ....

Rente, die, -n ....

Ehe, die, -n ....

Lottogewinn, der ....

Wohneigentum, das, Sg. ....

gewinnen ....

Basketball, der, -"e ....

aus}suchen ....

ab und zu ....

ungesund ....

auf}bauen ....

Vokabel, die, -n ....

B Geburtstagswünsche

Geburtstagsgeschenk, das, -e ....

Test, der, -s ....

Ärger, der, Sg. ....

Geburtstagswunsch, der, "-e ....

Vertrag, der, "-e ....

leisten (sich) ....

C Verbraucherschutz

Verbraucherschutz, der, Sg. ....

Verbraucherzentrale, die, -n ....

Bundesland, das, "-er ....

Rechtsproblem, das, -e ....

Beratungsstelle, die, -n ....

Verbraucher/in, der/die, -/-nen ....

vertreten ....

Öffentlichkeit, die, Sg. ....

Einrichtung, die, -en ....

Jugend- und Erwachsenenbildung, die, Sg. ....

Verbraucherrecht, das, Sg. ....

Entscheidung, die, -en ....

rund um ....

Kaufvertrag, der, "-e ....

Versprechen, das, - ....

Gewinnspiel, das, -e ....

Energieabrechnung, die, -en ....

Altersvorsorge, die, Sg. ....

Energie, die, -n ....

Umwelt, die, Sg. ....

Mobilität, die, Sg. ....

Pauschalreise, die, -n ....

Reiseveranstalter, der, - ....

beschreiben ....

Buchhandlung, die, -en ....

kulant ....

zurück{nehmen	Kassenzettel, der, - ....
Gutschein, der, -e	um{tauschen ....
reduzieren	aus{suchen ....
Haustürgeschäft, das, -e	Differenz, die, -en ....
Telefonanschluss, der, "-e	....
Umtausch, der, Sg.	....

1 **Wie heißen die Nomen? Schreiben Sie sie mit dem Artikel.**

1 entscheiden ....   **5** umtauschen ....

2 kündigen ....   **6** sicher ....

3 sich ärgern ....   **7** öffentlich ....

4 wünschen ....   **8** frei ....

2a **Was passt zusammen? Verbinden Sie.**

1 einen Vertrag   **A** vertreten
2 bei Rechtsproblemen   **B** helfen
3 eine unabhängige Beratung   **C** unterschreiben
4 Verbraucherinteressen   **D** akzeptieren
5 sich über das Verbraucherrecht **E** widerrufen
6 einen Gutschein   **F** informieren
7 einen Kaufvertrag   **G** bekommen

2b **Wählen Sie drei Formulierungen aus 2a aus und schreiben Sie Sätze in Ihr Heft.**

3 **Ergänzen Sie die Sätze.**

> unbefristet • Altersvorsorge • Gewinnspielen • Bundesländer

1 In Deutschland gibt es sechzehn ....

2 Er hatte erst nur einen Arbeitsvertrag für ein Jahr. Jetzt hat er eine feste Stelle, sein

Arbeitsvertrag ist ....

3 Sie sind noch jung, aber es ist immer wichtig, sich über die ....
zu informieren, denn oft reicht die Rente nicht aus.

4 Ich nehme nicht an .... teil. Sie machen oft falsche Versprechen.

4 **Wörter hören und nachsprechen. Hören Sie zu und sprechen Sie nach.**

30

1 kulant – finanziell – materiell – unabhängig
2 der Verbraucherschutz – die Verbraucherzentrale – das Verbraucherrecht
3 besitzen – vertreten – entscheiden – beschreiben

5a In der Einkaufsstraße. Beschreiben Sie Ihrem Lernpartner/Ihrer Lernpartnerin die Situation: einer beschreibt Bild 1 und einer beschreibt Bild 2.

5b Was ist auf seinem/ihrem Bild anders? Finden Sie 7 Unterschiede.

> In Bild 1 möchte ein Kind ein Eis haben. In Bild 2 …

6a Die Situation auf dem Bild mit der Situation im Heimatland vergleichen. Schreiben Sie Fragen.

Gibt es in Ihrem Heimatland auch …?
Fahren die Autos in Ihrem Heimatland auch …?
Kann man in Ihrem Heimatland auch …?

6b Arbeiten Sie zu zweit. Fragen und antworten Sie.

Bei uns ist die Situation ähnlich. Man … / Es gibt …

In meinem Heimatland ist das (ganz) anders. Man … / Es gibt …

1a Lesen Sie und ergänzen Sie in A–H.

✓ ✗ **Ich kann auf Deutsch**

☐ ☐ **A** berichten, wie mein Leben früher war.

Als ich .... Jahre alt war, ...

Mit .... Jahren ....

Vor .... Jahren ....

Früher ....

B Informationen über eine Firma verstehen.

> arbeitslos • Geschäftsführung • Konkurrenz • Kosten •
> Motoren • Streik • Verhandlungen • Vorsitzende

Der Autozulieferer Busch will in seinem Werk in Starow weniger .... produ-

zieren. Peer Busch von der .... sagt: „Die .... sind in Starow

zu hoch. Wir haben gegen die .... nur eine Chance, wenn wir mehr im

Ausland produzieren." Uta Barnau, die .... des Betriebsrats, meint: „Die

Kollegen haben Angst, dass sie .... werden. Sie fordern ....

über die Zukunft ihrer Arbeitsplätze." Sollte es keine Einigung geben, drohen die Mitarbei-

ter in Starow mit einem ....

C Informationen auf einer Gehaltsabrechnung verstehen.

> Sozialversicherung • Brutto-Gehalt • Steuern • Netto-Gehalt • Steuerklasse

....	2.200,00 Euro	
Lohnsteuer:	253,25 Euro	
Solidarzuschlag:	13,93 Euro	Entgeldabrechnung
Kirchensteuer:	20,26 Euro	**Herr Anton Scheffler**
.... zusammen:	287,44 Euro	Abrechnungsmonat: **Mai 2016**
Kranken- und Pflegeversicherung:	206,25 Euro	
Rentenversicherung:	205,70 Euro	.... : III
Arbeitslosenversicherung:	33,00 Euro	
.... zusammen:	444,95 Euro	
.... :	1.467,61 Euro	

D sagen, was mir im Leben wichtig ist.

Familie/Freunde: ....

....

Arbeit/Beruf: ....

....

Gesundheit: ....

E sagen, was wäre wenn ...

1 Morgen ist kein Unterricht. Wir müssen heute keine Hausaufgaben machen.

Wenn ....

2 Ich bin sehr froh. Ich kann gut tanzen.

Wenn ....

3 Sie hat kein Auto. Sie fährt oft mit dem Bus.

Wenn ....

F sagen, was ich mir wünsche oder kaufe oder (nicht) leisten kann.

1 Ich .... (kaufen)

2 Ich .... (sich wünschen)

3 Ich .... (sich leisten können)

G etwas in einem Geschäft umtauschen.

● Guten Tag, eine Freundin hat mir dieses Buch geschenkt, aber ich habe es schon.

  Kann ich es .... ?

● Ja, wenn Sie .... haben, können Sie sich ein anderes Buch ....

● Kann ich auch einen .... haben, wenn ich kein Buch finde, das mir gefällt?

● Ja, wenn Sie ein Buch finden, das teurer ist, müssen Sie die .... bezahlen.

1b Kontrollieren Sie mit den Lösungen und markieren Sie ✔ für *kann ich* und ✘ für *kann ich nicht so gut.*

Teil 4 Lesen Sie die Informationen und lösen Sie die Aufgaben 1–3. Markieren Sie die Lösungen für die Aufgaben 1–3 auf dem Antwortbogen (s. Lösungen, letzte Seite).

---

http://www.radioaktiv.at/carpediem/forum/thema/freizeit

GARBING
VERSICHERUNGEN

Ihr Partner für guten Versicherungsschutz

Haftpflicht-Schutz

Es ist schnell passiert:
Sie sind bei Freunden zu Besuch und machen eine Lampe oder wertvolles Geschirr kaputt. Sie fahren Rad und es passiert ein Unfall. Sie verletzen eine andere Person und müssen Schmerzensgeld und den Verdienstausfall bezahlen.
Mit unseren Haftpflichtversicherungen sind Sie gut geschützt. Wir bieten drei Pakete:

· Basis
· Komfort
· Premium

Im Basis-Paket sind Personen- und Sachschäden bis zu 5 Millionen Euro versichert, im Komfort-Paket bis zu 12,5 Millionen Euro und im Premium-Paket bis zu 20 Millionen Euro.

Das Komfort- und das Premium-Paket bieten noch mehr Sicherheit, z.B.:

· Verlust von Schlüsseln: Wir bezahlen den Schaden, wenn Sie Schlüssel von anderen Personen verloren haben: im Komfort-Paket bis zu 10.000 Euro, im Premium-Paket sogar bis zu 25.000 Euro.
· Schäden durch Kinder: Wir bezahlen auch Schäden, die Ihre Kinder unter 7 Jahren verursacht haben (unter 10 Jahren bei Schäden im Straßenverkehr): bis zu 20.000 Euro im Komfort-Paket und bis zu 50.000 Euro im Premium-Paket.

Unser Versicherungsschutz gilt in Deutschland 365 Tage im Jahr. Auch bei einem Auslandsaufenthalt bis zu vier Monaten sind Sie versichert.
Weitere Informationen und Einzelheiten zu den Versicherungspaketen finden Sie hier.

Wünschen Sie ein persönliches Beratungsgespräch? Schicken Sie uns Ihre Kontaktdaten. Einer unserer Mitarbeiter in Ihrer Region ruft Sie dann an, um einen Termin mit Ihnen zu vereinbaren.
Für das Kontaktformular klicken Sie bitte hier.

		R	F
1	Das Basis-Paket bietet Schutz, wenn man die Schlüssel von anderen Personen verliert.	☐	☐
2	Wenn man für vier Monate ins Ausland geht, ist man während des Aufenthaltes dort auch versichert.	☐	☐
3	Man soll die Versicherungsfirma anrufen, wenn man ein Beratungsgespräch wünscht.	☐	☐

Teil 5 **Lesen Sie den Text und schließen Sie die Lücken 4–9. Welche Lösung (A, B oder C) passt am besten? Markieren Sie Ihre Lösungen für die Aufgaben 4–9 auf dem Antwortbogen (s. Lösungen, letzte Seite).**

○ ○ ○　　　　　　　　　　　　　　　　　　　　　　　　⊂⊃

　　＿＿0＿＿ Kolleginnen und Kollegen,

ich schreibe diese Mail, ＿＿4＿＿ uns unsere Kollegin Frau Maas in zwei Wochen verlässt. Ich ＿＿5＿＿ , dass wir für sie ein kleines Fest machen und ihr etwas schenken ＿＿6＿＿ .
Ich schlage vor, dass wir uns am Freitagnachmittag nach der Arbeit bei ＿＿7＿＿ im Büro treffen, um zu besprechen, wie wir das Fest organisieren. Dann können wir auch darüber reden, ＿＿8＿＿ Geschenk wir ihr kaufen und wie viel es kosten soll.
　＿＿9＿＿ Sie mir bitte Bescheid, wenn Sie am Freitag keine Zeit haben.

Mit freundlichen Grüßen

Rolf Diringer

Beispiel:

A Liebe

B Viele

C Nette

A　B　C

4 A deshalb	6 A mussten	8 A welcher
B dass	B wollten	B wo
C weil	C sollten	C was für ein
5 A gedacht	7 A mir	9 A Gebt
B denke	B ich	B Geben
C denken	C mich	C Gab

1 Verben im Präsens

Regelmäßige Verben

Verben mit Vokalwechsel: *e → i, a → ä*

Unregelmäßige Verben

Trennbare Verben

Modalverben

Das Verb *lassen*

zu + Infinitiv

Reflexive Verben

Die Verben *legen/liegen* und *stellen/stehen*

Der Imperativ

Konjunktiv II

Höfliche Bitten

Ratschläge mit *sollte*

Wunschsätze mit *würde gern(e)* + Infinitiv

Bedingungssätze mit *wenn* + Konjunktiv II

2 Verben in der Vergangenheit

Das Präteritum von *sein* und *haben*

Modalverben im Präteritum

Regelmäßige Verben im Präteritum

Das Perfekt

3 Artikel und Nomen

Artikel im Nominativ, Akkusativ, Dativ, Genitiv

Possessivartikel

Das Fragewort *welch–*

Der Demonstrativartikel *dies–*

Das Fragewort *was für ein–*

Der Plural von Nomen

4 Pronomen

Personalpronomen

Artikel und Pronomen

Das unpersönliche Pronomen *man*

Artikel als Pronomen

Das Pronomen *es*

Reflexivpronomen

Relativpronomen

5 Adjektive

Adjektive nach dem Nomen (prädikativ)

Adjektive vor dem Nomen (attributiv)

Nomen, die man wie Adjektive dekliniert

Adjektive im Komparativ

6 Präpositionen

Temporale Präpositionen (Zeit): *am, um, im, vor, nach, seit, bis, von … bis*

Lokale Präpositionen (Ort): *in, bei, nach, zu, aus, von*

Präpositionen mit Dativ: *aus, bei, mit, nach, seit, von, zu, vor* (temporal)

Präpositionen mit Akkusativ: *für, um, durch, ohne*

Wechselpräpositionen mit Akkusativ und Dativ: *in, an, auf, hinter, vor, über, unter, neben, zwischen*

Präpositionen mit Genitiv: *außerhalb, innerhalb, wegen, während*

Verben mit Präpositionen

Fragewörter und Pronomen bei Verben mit Präpositionen: *worauf, wofür … darauf, dafür …*

Präpositionen *mit/für/gegen/in/… + einander*

7 Wortbildung

Komposita

Das Datum – Ordinalzahlen

Adjektive mit *-los* und *-un*

8 Wörter im Satz

Sätze und W-Fragen

Ja/Nein-Fragen (Satzfragen)

Satzklammer: Trennbare Verben, Modalverben und Perfekt

Ja – Nein – Doch

Vergleichssätze

Verneinung mit *nicht* oder *kein*

Verben und Ergänzungen (Verben mit Nominativ, Dativ und Akkusativ, Verben mit Präpositionen)

Satzverbindungen mit *aber – denn – und – oder*

Satzverbindungen mit *deshalb* und *trotzdem*

Satzverbindungen mit *(an)statt* + *zu* + Infinitiv und *nicht…sondern*

Nebensätze mit *weil*

Nebensätze mit *dass*

Nebensätze mit *wenn*

Nebensätze mit *damit* und Satzverbindungen mit *um…zu* + Infinitiv

Nebensätze mit *obwohl*

Temporale Nebensätze

Indirekte Fragen

Nebensatz vor Hauptsatz

Relativsätze

1 Verben im Präsens

Regelmäßige Verben

Infinitiv		kommen
Singular	ich	komm-**e**
	du	komm-**st**
	er/es/sie/man	komm-**t**
Plural	wir	komm-**en**
	ihr	komm-**t**
	sie	komm-**en**
Höflichkeitsform	Sie	komm-**en**

Woher kommen Sie?

Ich komme aus Deutschland.

⚠ heißen: du heißt, er/sie heißt
genauso: genießen, schließen, …
⚠ sitzen: du sitzt
genauso: nutzen, putzen, …

⚠ arbeiten: du arbeit**e**st, er/sie arbeit**e**t, ihr arbeit**e**t …
genauso: antworten, kosten, einschalten, ausschalten, berichten, bieten, bitten, chatten, reden, …

Verben mit Vokalwechsel: *e → i, e → ie, a → ä*

		e → i	e → ie	a → ä
Infinitiv		**sprechen**	**lesen**	**schlafen**
Singular	ich	spreche	lese	schlafe
	du	spr**i**chst	l**ie**st	schl**ä**fst
	er/es/sie/man	spr**i**cht	l**ie**st	schl**ä**ft
Plural	wir	sprechen	lesen	schlafen
	ihr	sprecht	lest	schlaft
	sie	sprechen	lesen	schlafen
Höflichkeitsform	Sie	sprechen	lesen	schlafen

genauso:
treffen: er/sie tr**i**fft
essen: er/sie **i**sst
nehmen: er/sie n**i**mmt

helfen: er/sie h**i**lft
sehen: er/sie s**ie**ht
tragen: er/sie tr**ä**gt

anfangen: er/sie f**ä**ngt an
fahren: er/sie f**ä**hrt
einladen: er/sie l**ä**dt ein

Unregelmäßige Verben

Infinitiv		sein	haben	mögen	(möchten)	wissen
Singular	ich	**bin**	habe	**mag**	möchte	**weiß**
	du	**bist**	**hast**	**magst**	möchtest	**weißt**
	er/es/sie/man	**ist**	**hat**	**mag**	**möchte**	**weiß**
Plural	wir	**sind**	haben	mögen	möchten	wissen
	ihr	**seid**	habt	mögt	möchtet	wisst
	sie	**sind**	haben	mögen	möchten	wissen
Höflichkeitsform	Sie	**sind**	haben	mögen	möchten	wissen

Trennbare Verben

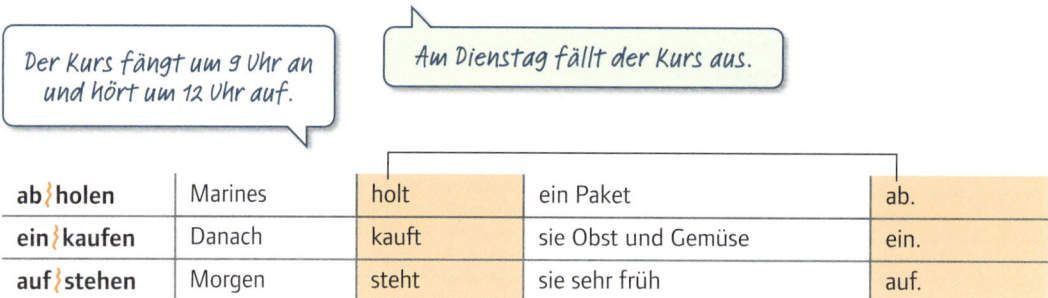

> Der Kurs fängt um 9 Uhr an und hört um 12 Uhr auf.

> Am Dienstag fällt der Kurs aus.

ab }holen	Marines	**holt**	ein Paket	**ab.**
ein }kaufen	Danach	**kauft**	sie Obst und Gemüse	**ein.**
auf }stehen	Morgen	**steht**	sie sehr früh	**auf.**

genauso: anfangen, anrufen, aufräumen, aufhören, ausgehen, ausfallen, fernsehen, mitkommen, mitbringen, stattfinden, abschicken, auswählen, …

In der Wortliste am Ende jeder Lektion im Arbeitsbuch sind die trennbaren Verben immer so } gekennzeichnet, zum Beispiel: an}fangen.

Modalverben

Infinitiv		können	wollen	müssen	sollen	dürfen
Singular	ich	kann	will	muss	soll	darf
	du	kannst	willst	musst	sollst	darfst
	er/es/sie/man	kann	will	muss	soll	darf
Plural	wir	können	wollen	müssen	sollen	dürfen
	ihr	könnt	wollt	müsst	sollt	dürft
	sie	können	wollen	müssen	sollen	dürfen
Höflichkeitsform	Sie	können	wollen	müssen	sollen	dürfen

Ich	**kann**	gut auf Deutsch	**lesen.**
Meine Freundin	**will**	noch einen Apfelsaft	**trinken.**
Wir	**müssen**	jeden Tag früh	**aufstehen.**
Ich	**soll**	die Tabletten zweimal pro Tag	**nehmen.**
Hier	**darf**	man nicht	**parken.**

Das Verb *lassen*

	lassen
ich	lasse
du	lässt
er/es/sie/man	lässt
wir	lassen
ihr	lasst
sie	lassen
Sie	lassen

| Ich | **lasse** | meine Wohnung | **streichen.** |
| Sie | **lässt** | ihre Lampe | **aufhängen.** |

Ich lasse meine Wohnung renovieren.
(=Ich renoviere meine Wohnung nicht selbst).

zu + Infinitiv

Sie verbietet ihrem Sohn, am Computer zu spielen.
Er hat keine Lust, die App herunterzuladen.
Es ist gut, nach der Arbeit eine Pause zu machen.
Es macht Spaß, mit Freunden zu chatten.

Zu + Infinitiv steht nach

- bestimmten Verben   (z.B. anfangen, verbieten, vergessen, versuchen, …)
- Ausdrücken mit Nomen + haben   (z.B. Zeit/Lust… haben)
- Ausdrücken mit Es ist + Adjektiv   (z.B. Es ist gut/schlecht/schwierig/…)
- Ausdrücken mit Es macht …   (z.B. Es macht Spaß/Freude/…)

Reflexive Verben

	sich freuen
ich	freue mich
du	freust dich
er/es/sie/man	freut sich
wir	freuen uns
ihr	freut euch
sie	freuen sich
Sie	freuen sich

Wir freuen uns, weil wir eine gute Wohnung gefunden haben.

genauso: sich vorstellen, sich verkleiden, sich ärgern, sich entschuldigen, sich fühlen, sich kennenlernen, sich streiten, sich trennen, sich unterhalten, sich verlieben, sich vorstellen, …

Die Verben *legen/liegen* und *stellen/stehen*

Wohin? – *legen/stellen*
(Präposition + Akkusativ)
Sie legen den Teppich auf den Boden.
Sie stellen den Tisch auf den Teppich.

Wo? – *liegen/stehen*
(Präposition + Dativ)
Der Teppich liegt auf dem Boden.
Der Tisch steht auf dem Teppich.

Der Imperativ

	Sie-Form	du-Form	ihr-Form
machen	Machen Sie …	(du mach**st**) Mach …	Macht …
sprechen	Sprechen Sie …	(du sprich**st**) Sprich …	Sprecht …
mitkommen	Kommen Sie (doch) mit!	(du komm**st**) Komm (doch) mit!	Kommt (doch) mit!
⚠ fahren	Fahren Sie!	(du fährst) Fahr …	Fahrt …
⚠ sein	Seien Sie ruhig!	(du bist) Sei ruhig!	Seid ruhig!

Konjunktiv II

Konjunktiv II von *haben*, *sein* und den Modalverben

	haben	sein	können	müssen	sollen	würde + Inf.
ich	hätte	wäre	könnte	müsste	sollte	würde
du	hättest	wärst	könntest	müsstest	solltest	würdest
er/es/sie/man	hätte	wäre	könnte	müsste	sollte	würde
wir	hätten	wären	könnten	müssten	sollten	würden
ihr	hättet	wärt	könntet	müsstet	solltet	würdet
sie/Sie	hätten	wären	könnten	müssten	sollten	würden

Höfliche Bitten

Könntest du mir helfen?
Könnten Sie Frau Abiska einen Schlüssel geben?
Entschuldigung, darf ich fragen, wie der neue Kollege heißt?

Ratschläge mit *sollte*

Ich	sollte	weniger	rauchen.
Du	solltest	mehr Sport	machen.
Bei Stress	sollte	man sich	entspannen.

Wunschsätze mit *würde gern(e)* + Infinitiv

Ich	würde gern(e)	in Vollzeit	arbeiten.
Sie	würde gern(e)	Medizin	studieren.
Wir	würden gern(e)	eine Radtour	machen.

Bedingungssätze mit *wenn* + Konjunktiv II

Wenn ich morgen frei hätte, würde ich bis 10 Uhr schlafen.
Ich würde bis 10 Uhr schlafen, wenn ich morgen frei hätte.

2 Verben in der Vergangenheit

Das Präteritum von *sein* und *haben*

Infinitiv		sein	haben
Singular	ich	war	hatte
	du	warst	hattest
	er/es/sie/man	war	hatte
Plural	wir	waren	hatten
	ihr	wart	hattet
	sie	waren	hatten
Höflichkeitsform	Sie	waren	hatten

Waren Sie auch in Berlin?

Nein, ich hatte keine Zeit.

Modalverben im Präteritum

	müssen	können	dürfen	wollen
ich	musste	konnte	durfte	wollte
du	musstest	konntest	durftest	wolltest
er/es/sie/man	musste	konnte	durfte	wollte
wir	mussten	konnten	durften	wollten
ihr	musstet	konntet	durftet	wolltet
sie	mussten	konnten	durften	wollten
Sie	mussten	konnten	durften	wollten

Für *möchte* gibt es kein Präteritum, man benutzt das Präteritum von *wollen* (*wollte*):
Heute möchte ich einen Kaffee, gestern wollte ich einen Tee.

Regelmäßige Verben im Präteritum

	wohnen	arbeiten	gehen	fahren	fliegen	geben	werden
ich	wohnte	arbeitete	ging	fuhr	flog	gab	wurde
du	wohntest	arbeitetest	gingst	fuhrst	flogst	gabst	wurdest
es/es/sie/man	wohnte	arbeitete	ging	fuhr	flog	gab	wurde
wir	wohnten	arbeiteten	gingen	fuhren	flogen	gaben	wurden
ihr	wohntet	arbeitetet	gingt	fuhrt	flogt	gabt	wurdet
sie	wohnten	arbeiteten	gingen	fuhren	flogen	gaben	wurden
Sie	wohnten	arbeiteten	gingen	fuhren	flogen	gaben	wurden

Einige unregelmäßige Verben haben die gleichen Endungen wie regelmäßige Verben:

bringen – brachte
denken – dachte
kennen – kannte
nennen – nannte
wissen – wusste

Sie finden eine Liste mit allen unregelmäßigen Verben aus Pluspunkt Deutsch unter
„Anhang" im Kursbuch.

Das Perfekt: *haben/sein* + Partizip

Für die meisten Verben benutzt man in der Vergangenheit das Perfekt.

Wann	sind	Sie nach Deutschland	gekommen?
Ich	bin	2002 nach Deutschland	gekommen.
Was	haben	Sie am Wochenende	gemacht?
Wir	haben	am Samstag auf dem Markt	eingekauft.

Das Perfekt: Bildung der Partizipien

Partizipien mit *ge-*

	„normale" Verben	trennbare Verben
regelmäßig (Endung „t")	**ge …(e)t** spielen – hat **ge**spiel**t** arbeiten – hat **ge**arbeite**t** kaufen – hat **ge**kauf**t**	**…ge…(e)t** mitspielen – hat mit**ge**spiel**t** ausschalten – hat aus**ge**schalte**t** einkaufen – hat ein**ge**kauf**t**
unregelmäßig (Endung „en")	**ge…en** kommen – ist **ge**komm**en** geben – hat **ge**geb**en** sehen – hat **ge**seh**en**	**…ge…en** ankommen – ist an**ge**komm**en** aufgeben – hat auf**ge**geb**en** fernsehen – hat fern**ge**seh**en**

Partizipien ohne *ge-*

	Verben mit den Präfixen *be-, emp-, ent-, er-, ge-, ver-, zer-*	Verben auf *-ieren*
regelmäßig (Endung „t")	**…t** bezahlen – hat bezahl**t** erzählen – hat erzähl**t** entschuldigen – hat entschuldig**t** gehören – hat gehör**t**	**…t** installieren – hat installier**t** reparieren – hat reparier**t** reservieren – hat reservier**t** transportieren – hat transportier**t**
unregelmäßig (Endung „en")	**…en** bekommen – hat bekomm**en** behalten – hat behalt**en** gefallen – hat gefall**en** verstehen - hat verstand**en**	

Die unregelmäßigen Partizipien (gegangen, gefahren …) finden Sie im Kursbuch (Gesamtband) auf den Seiten 232–235.

Das Perfekt: *sein* oder *haben*?

Die meisten Verben bilden das Perfekt mit *haben*: ich habe gemacht, ich habe gelernt, ich habe gearbeitet …

Verben der Bewegung von A nach B oder Verben der Veränderung bilden das Perfekt mit *sein*.

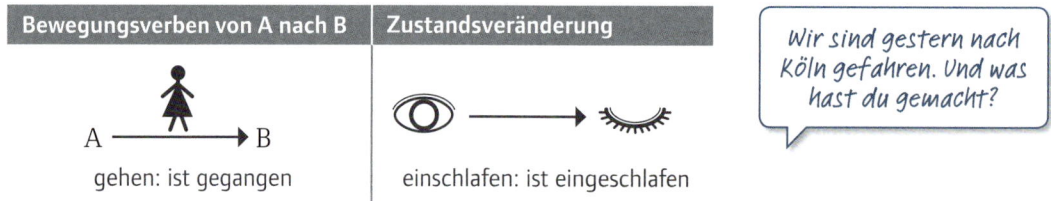

Bewegungsverben von A nach B	Zustandsveränderung
A ——→ B gehen: ist gegangen	einschlafen: ist eingeschlafen

> Wir sind gestern nach Köln gefahren. Und was hast du gemacht?

weitere Bewegungsverben:
abbiegen, abfahren, kommen, ankommen, fahren, fliegen, joggen, laufen, reisen, rennen, schwimmen, umsteigen, umziehen, ...

⚠ Verben, die keine Bewegungsverben sind, aber das Perfekt mit *sein* bilden:
sein, ist gewesen - bleiben, ist geblieben

3   Artikel und Nomen

Artikel im Nominativ

	m (maskulin)		n (neutrum)		f (feminin)		Pl (Plural)	
bestimmter Artikel	der		das		die		die	
unbestimmter Artikel	ein		ein		eine		-	
Negativartikel	kein	Mann	kein	Auto	keine	Frau	keine	Kinder
Possessivartikel	mein		mein		meine		meine	
Demonstrativartikel	dieser		dieses		diese		diese	

Das sind meine Kinder.

Der Mann heißt Arno.

Artikel im Akkusativ

	m (maskulin)		n (neutrum)		f (feminin)		Pl (Plural)	
bestimmter Artikel	de**n**		das		die		die	
unbestimmter Artikel	ein**en**		ein		eine		-	
Negativartikel	kein**en**	Mann	kein	Auto	keine	Frau	keine	Kinder
Possessivartikel	mein**en**		mein		meine		meine	
Demonstrativartikel	dies**en**		dieses		diese		diese	

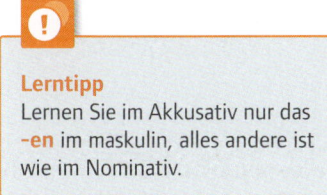

Lerntipp
Lernen Sie im Akkusativ nur das
-en im maskulin, alles andere ist
wie im Nominativ.

Ich kenne den Mann nicht.

Ich habe keinen Computer.

Artikel im Dativ

	m (maskulin)		n (neutrum)		f (feminin)		Pl (Plural)	
bestimmter Artikel	de**m**		de**m**		d**er**		de**n**	
unbestimmter Artikel	ein**em**		ein**em**		ein**er**		-	
Negativartikel	kein**em**	Mann	kein**em**	Auto	kein**er**	Frau	kein**en**	Kinder**n**
Possessivartikel	mein**em**		mein**em**		mein**er**		mein**en**	
Demonstrativartikel	dies**em**		dies**em**		dies**er**		dies**en**	

Das Nomen hat im Dativ Plural immer die Endung **-n**: Wie spielen mit den Kinder**n**.

⚠ Ausnahme: Nomen mit s-Plural: die Autos - mit den Autos.

Artikel im Genitiv

	m (maskulin)		n (neutrum)		f (feminin)		Pl (Plural)	
bestimmter Artikel	des		des		der		der	
unbestimmter Artikel	eines		eines		einer		–	
Negativartikel	keines	Vaters	keines	Autos	keiner	Frau	keiner	Kinder
Possessivartikel	meines		meines		meiner		meiner	
Demonstrativartikel	dieses		dieses		dieser		dieser	

Possessivartikel

Guten Tag, mein Name ist Thomas Müller und das ist meine Frau.

Sind das Ihre Kinder?

Ja, das sind unsere Töchter Lisa und Nina und das ist unser Sohn Tobias.

	m (maskulin)		n (neutrum)		f (feminin)		Pl (Plural)	
ich	mein		mein		meine		meine	
du	dein		dein		deine		deine	
er/es/man	sein		sein		seine		seine	
sie	ihr	Sohn	ihr	Haus	ihre	Tochter	ihre	Kinder
wir	unser		unser		unsere		unsere	
ihr	euer		euer		eure		eure	
sie (Pl.)	ihr		ihr		ihre		ihre	
Sie	Ihr		Ihr		Ihre		Ihre	

Das Fragewort welch–

	m (maskulin)	n (neutrum)	f (feminin)	Pl (Plural)
Nominativ	welcher Zug	welches Auto	welche U-Bahn	welche Fahrräder
Akkusativ	welchen Zug	welches Auto	welche U-Bahn	welche Fahrräder
Dativ	welchem Zug	welchem Auto	welcher U-Bahn	welchen Fahrrädern

Welchen Zug nehmen Sie?

Diesen Zug.

Mit welchem Zug sind Sie gekommen?

Mit diesem hier.

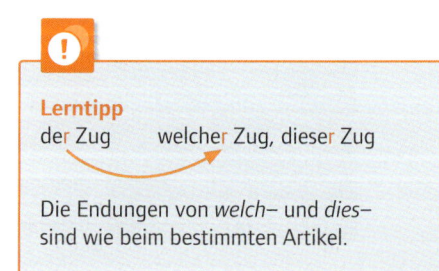

Lerntipp

der Zug   welcher Zug, dieser Zug

Die Endungen von *welch–* und *dies–* sind wie beim bestimmten Artikel.

Der Demonstrativartikel dies-

	m (maskulin)	n (neutrum)	f (feminin)	Pl (Plural)
Nominativ	dieser Zug	dieses Auto	diese U-Bahn	diese Fahrräder
Akkusativ	diesen Zug	dieses Auto	diese U-Bahn	diese Fahrräder
Dativ	diesem Zug	diesem Auto	dieser U-Bahn	diesen Fahrrädern

Das Fragewort *was für ein-*

	m (maskulin)	n (neutrum)	f (feminin)	Pl (Plural)
Nominativ	Was für ein Mantel?	Was für ein Kleid?	Was für eine Jacke?	Was für Schuhe?
Akkusativ	Was für einen Mantel?	Was für ein Kleid?	Was für eine Jacke?	Was für Schuhe?
Dativ	Mit was für einem Mantel?	Mit was für einem Kleid?	Mit was für einer Jacke?	Mit was für Schuhen?

Was für einen Anzug hast du auf der Hochzeit getragen?

Einen schwarzen Anzug.

Der Plural von Nomen

	Singular	Plural		Singular	Plural
-e	der Tisch	die Tische	**-**	der Computer	die Computer
-e (+ Umlaut)	der Stuhl	die Stühle	**-(+ Umlaut)**	der Vater	die Väter
-en	die Zahl	die Zahlen	**-s**	das Auto	die Autos
-n	die Tasche	die Taschen	**-er**	das Kind	die Kinder
-nen	die Lehrerin	die Lehrerinnen	**-er (+ Umlaut)**	das Haus	die Häuser

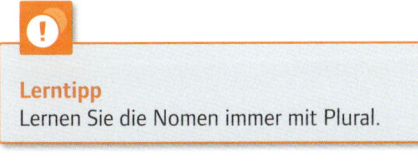

Lerntipp
Lernen Sie die Nomen immer mit Plural.

Wie viele Stühle sind im Kursraum?

Es sind 10 Stühle und 5 Tische.

4 Pronomen

Personalpronomen

Nominativ	Akkusativ	Dativ
ich	mich	mir
du	dich	dir
er	ihn	ihm
es	es	ihm
sie	sie	ihr
wir	uns	uns
ihr	euch	euch
sie	sie	ihnen
Sie	Sie	Ihnen

Können Sie mir bitte helfen?

Ja, gerne, ich rufe Sie morgen an.

Artikel und Pronomen

Der Schrank ist alt. Er ist alt.

Das Bett ist klein. Es ist klein.

Die Küche ist modern. Sie ist modern.

Die Blumen sind schön. Sie sind schön.

Grammatik im Überblick

Das unpersönliche Pronomen *man*

Mit *man* steht das Verb in der 3. Person Singular.

> Wie schreibt man das?

> Hier kann man Geld wechseln.

Artikel als Pronomen

Wie finden Sie den blauen Anzug?   Der ist nicht schlecht. Den nehme ich.

Wie finden Sie das rote Kleid?   Das ist sehr elegant. Das nehme ich.

Wie gefällt Ihnen die Bluse?   Die ist zu kurz. Die nehme ich nicht.

Wie gefallen Ihnen die Schuhe?   Die sind gut. Die kaufe ich.

Das Pronomen *es*

In vielen Ausdrücken benutzt man das Pronomen *es*. Das *es* hat in diesen Ausdrücken keine Bedeutung.

Wetterwörter	andere Ausdrücke
Es regnet. / Es schneit. Heute ist es kalt. / Es ist windig. Es ist bewölkt.	Wie geht es Ihnen? Danke, es geht mir gut. Hier gibt es einen Park.

Reflexivpronomen

	Akkusativ	Dativ
ich	mich	mir
du	dich	dir
er/es/sie/man	sich	sich
wir	uns	uns
ihr	euch	euch

> Guten Tag, ich möchte mich vorstellen. Mein Name ist …

> Wir haben uns im Sportkurs kennengelernt und uns sofort verliebt.

Ich freue mich.

Ich wünsche mir ein neues Smartphone.

Ich wasche mich.   Ich wasche mir die Hände.

Relativpronomen

	m (maskulin)	n (neutrum)	f (feminin)	Pl (Plural)
Nominativ	der	das	die	die
Akkusativ	den	das	die	die
Dativ	dem	dem	der	denen

⚠ Nur der Dativ Plural ist neu. Alle anderen Formen sind wie der definite Artikel.

Kennst du ein Café, **das** in ür Nähe ist?

Ein Smartphone ist ein Ding, mit **dem** man telefonieren, Nachrichten schicken und im Internet surfen kann.

5 Adjektive

Adjektive nach dem Nomen (prädikativ)

Adjektive nach dem Nomen haben keine Endung.

Der Schrank ist neu. Ich finde den Schrank schön.
Das Sofa ist alt. Ich finde das Sofa langweilig.

Adjektive vor dem Nomen (attributiv)

Zwischen Artikel und Nomen haben Adjektive eine Endung (mindestens ein -e).

	m (maskulin)	n (neutrum)	f (feminin)	Pl (Plural)
Nominativ	grauer Anzug der graue Anzug ein grauer Anzug kein grauer Anzug	blaues Hemd das blaue Hemd ein blaues Hemd kein blaues Hemd	rote Bluse die rote Bluse eine rote Bluse keine rote Bluse	die braunen Schuhe - braune Schuhe keine braunen Schuhe
Akkusativ	grauen Anzug den grauen Anzug einen grauen Anzug keinen grauen Anzug	blaues Hemd das blaue Hemd ein blaues Hemd kein blaues Hemd	rote Bluse die rote Bluse eine rote Bluse keine rote Bluse	die braunen Schuhe - braune Schuhe keine braunen Schuhe
Dativ	grauem Anzug dem grauen Anzug	blauem Hemd dem blauen Hemd	roter Bluse der roten Bluse	den braunen Schuhen

⚠ Gleiche Endung bei *ein* und *kein* im Singular: ein blaues Hemd = kein blaues Hemd.
Im Plural unterschiedliche Endung: - braune Schuhe = keine braunen Schuhe

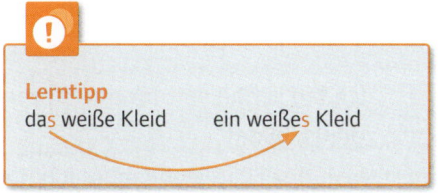

Lerntipp
das weiße Kleid   ein weißes Kleid

> Der graue Anzug ist nicht so elegant.

> Er trägt ein blaues Hemd.

Nomen, die man wie Adjektive dekliniert

	Nominativ	Akkusativ	Dativ
m (maskulin)	der Vorsitzende ein Vorsitzender	den Vorsitzenden einen Vorsitzenden	dem Vorsitzenden einem Vorsitzenden
f (feminin)	die Vorsitzende eine Vorsitzende	die Vorsitzende eine Vorsitzende	der Vorsitzenden einer Vorsitzenden
Pl (Plural)	die Vorsitzenden - Vorsitzende	die Vorsitzenden - Vorsitzende	den Vorsitzenden - Vorsitzenden

Adjektive im Komparativ

Adjektiv + -er	Adjektiv + Umlaut + -er	Ausnahmen
hell – heller interessant – interessanter schnell – schneller langsam – langsamer schön – schöner	groß – größer kalt – kälter warm – wärmer kurz – kürzer lang – länger	gern – lieber gut – besser viel – mehr

> Istanbul ist größer als London.

6 Präpositionen

Temporale Präpositionen (Zeit): *am, um, im, vor, nach, seit, bis, von ... bis*

am	Wochentag/Tagesabschnitt	am Montag, am Vormittag, ⚠ in der Nacht
um	Uhrzeit	um 8 Uhr, um halb 10, um 13 Uhr 30 Der Film beginnt um 20 Uhr.
im	Monat, Jahreszeit, Jahr	Im Juli ist es in Deutschland oft warm.
vor	• |	Es ist jetzt Viertel vor acht. Sie bringt vor der Arbeit die Kinder zur Kita.
nach	| •	Es ist zehn nach acht. Nach der Arbeit geht er einkaufen.
seit	• ⟶	Sie sind schon seit fünf Jahren in Frankfurt.
bis	⟶ •	Der Film geht bis 22 Uhr.
von ... bis	• → •	Der Film geht von 20 Uhr bis 22 Uhr.

Lokale Präpositionen (Ort): *in, bei, nach, zu, aus, von*

in	Wo?	**In** Berlin gibt es viele Sehenswürdigkeiten.
bei		Ich bin **beim** Friseur.
nach	Wohin?	Ich fahre gern **nach** Berlin.
zu		Ich gehe **zum** Bahnhof.
aus	Woher?	Er kommt **aus** Italien.
von		Sie kommt heute spät **von** der Arbeit.

Präpositionen mit Dativ: *aus, bei, mit, nach, seit, von, zu, vor* (temporal)

aus: Ich gehe jeden Morgen um 8 Uhr aus dem Haus.

bei: Ich wohne bei meinen Eltern.

mit: Ich fahre mit dem Bus.

nach: Nach dem Deutschkurs möchte ich eine Arbeit suchen.

seit: Ich bin schon seit einem Jahr in Deutschland.

von: Von der Haltestelle muss ich noch 5 Minuten zu Fuß gehen.

zu: Ich fahre zur Sprachschule.

vor: Vor dem Deutschkurs gehe ich joggen.

bei de**m**	=	bei**m**	zu de**m**	=	zu**m**
von de**m**	=	vo**m**	zu de**r**	=	zu**r**

Präpositionen mit Akkusativ: *für, um, durch, ohne*

für: Sie brauchen für den Antrag einen Pass und ein Foto.

um: Man kann sehr gut um den Schluchsee wandern.

durch: Der Zug fährt durch den Tunnel.

ohne: Sie trinkt den Kaffee ohne Zucker.

⚠ *Ohne* verwendet man meistens ohne Artikel.

Wechselpräpositionen mit Akkusativ und Dativ: *in, an, auf, hinter, vor, über, unter, neben, zwischen*

    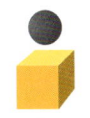  

| in | an | auf | unter | über | vor | hinter | neben | zwischen |

Wohin? → Präpositionen mit Akkusativ		Wo? → Präpositionen mit Dativ	
in den Wald	in das = ins	im Wald	in dem = im
in das Restaurant	an das = ans	im Restaurant	an dem = am
in die Stadt		in der Stadt	
in die Geschäfte		in den Geschäften	

Sie geht in die Bäckerei. | In der Bäckerei sind viele Leute.
Der Bus fährt langsam an die Haltestelle. | Der Bus steht an der Haltestelle.
Sie gehen auf die Straße. | Auf der Straße fahren viele Autos.
Wir gehen unter den Baum. | Unter dem Baum steht eine Bank.
Wir gehen über den Platz. | Über dem Platz fliegen viele Vögel.
Wir stellen die Mülltonnen vor das Haus. | Die Mülltonnen stehen heute vor dem Haus.
Wir stellen unsere Fahrräder hinter das Café. | Hinter dem Café ist ein Hof.
Ich stelle den Kinderwagen neben die Tür. | Der Kinderwagen steht neben der Tür.

Präpositionen mit Genitiv: *außerhalb, innerhalb, wegen, während*

außerhalb: Ich wohne außerhalb der Stadt.
innerhalb: Er will die Prüfung innerhalb eines Jahres schaffen.
wegen: Er muss wegen der Prüfung viel lernen.
während: Ich habe meine Frau während des Studiums kennengelernt.

Verben mit Präpositionen

Sie warten schon zehn Minuten auf den Bus.
Er möchte gerne an einem Fortbildungskurs teilnehmen.
Ich interessiere mich sehr für Frauenfußball.

Eine Liste mit den Verben mit Präpositionen finden Sie im Kursbuch (Gesamtband) im Anhang.

Fragewörter und Pronomen bei Verben mit Präpositionen

Fragen nach Sachen

- **Wofür** interessierst du dich?
- Ich interessiere mich <u>für Frauenfußball</u>.
- Ah, dafür interessiere ich mich auch.

- Woran denkst du?
- <u>Ans Wochenende</u>.
- Daran denke ich noch nicht.

Das Fragewort besteht aus „wo"+ Präposition: wovon, womit, wofür …
Wenn die Präposition mit einem Vokal beginnt ergänzt man ein „r": worauf, worüber …

Fragen nach Personen

Wenn man nach Personen fragt, benutzt man die Präposition + Fragewort für Personen im Akkusativ: Über wen?, Für wen?, Auf wen? …
oder Dativ: Mit wem?, Von wem?, Zu wem? …

- **Über wen** sprecht ihr gerade?
- Über die nette Nachbarin.

- **Mit wem** bist du ins Kino gegangen?
- Mit meiner Schwester.

Präpositionen *mit/für/gegen/in/ … + einander*

Lena ist für Sabine da. Sabine ist für Lena da. → Sie sind **füreinander** da.

7 Wortbildung

Komposita

die Dame + der Mantel → der Damenmantel
der Sommer + das Kleid → das Sommerkleid

Das letzte Wort in Komposita bestimmt den Artikel.
Der Wortakzent ist (fast) immer auf dem ersten Wort.

> *Ich suche Herrenschuhe und Geschenkartikel.*

Das Datum – Ordinalzahlen

1–19 + ten

am 1. – am **ersten**
am 2. – am zwei**ten**
am 3. – am **dritten**
am 4. – am vier**ten**
am 5. – am fünf**ten**
am 6 – am sechs**ten**
am 7. – am **siebten**
am 8. – am ach**ten**
am 9. – am neun**ten**
am 10. – am zehn**ten**
am 16. – am **sechzehnten**
am 19. – am neunzehn**ten**

20 + sten

am 20. – am zwanzig**sten**
am 21. – am einundzwanzig**sten**
am 22. – am zweiundzwanzig**sten**
am 30. – am dreißig**sten**

- Wann sind Sie geboren?
- Am 5.3.1987. (Am fünften Dritten neunzehnhundertsiebenundachtzig.)
- Welcher Tag ist heute?
- Heute ist der 3.10. (Heute ist der dritte Zehnte.)

Adjektive mit *-los* und *-un*

ohne Arbeit	=	arbeits**los**		nicht gewöhnlich	=	**un**gewöhnlich
ohne Erfolg	=	erfolg**los**		nicht sicher	=	**un**sicher
ohne Chancen	=	chancen**los**		nicht zufrieden	=	**un**zufrieden

8 Wörter im Satz

Sätze und W-Fragen

Das konjugierte Verb steht immer auf Position 2.

	Position 2	
Woher	kommen	Sie?
Ich	komme	aus Costa Rica.
Wie	heißt	Ihr Sohn?
Er	heißt	Lukas.
Was	sind	Sie von Beruf?
Ich	bin	Lehrerin.

	Position 2	
Am Wochenende	besuche	ich meine Freunde.
Ich	besuche	**am Wochenende** meine Freunde.
Dann	machen	wir eine Radtour.
Wir	machen	**dann** eine Radtour.

Ja/Nein-Fragen (Satzfragen)

Kommen	Sie aus München?
Haben	Sie morgen Zeit?
Möchtest	du einen Kaffee?
Kennt	ihr Berlin?

Satzklammer: Trennbare Verben, Modalverben und Perfekt

Trennbare Verben

Das konjugierte Verb steht auf Position 2, der andere Verbteil (Präfix, Infinitiv, Partizip) steht am Satzende.

Wann	holst	du die Kinder vom Kindergarten	ab?
Ich	hole	sie am Nachmittag	ab.

Modalverben

Frau Stein	muss	am Morgen früh	aufstehen.
Frau Deck	will	am Wochenende nicht	arbeiten.

Perfekt

Früher	habe	ich in der Stadt	gewohnt.
Früher	bin	ich oft nach Köln	gefahren.

Grammatik im Überblick

Ja - Nein - Doch

Hast du Zeit?

🙂 Ja, natürlich.

🙁 Nein, leider nicht.

Hast du **keine** Zeit?

🙂 **Doch**, ich habe Zeit.

🙁 Nein, ich habe keine Zeit.

Kommst du **nicht** mit?

🙂 **Doch**, ich komme mit.

🙁 Nein, ich kann leider nicht mitkommen.

Vergleichssätze

≠ Komparativ + *als*

In Deutschland ist es im Sommer w**är**m**er als** im Winter.

= *genauso* + Adjektiv + *wie*

In Lübeck regnet es genauso viel wie in Bremen.

Verneinung mit *nicht* oder *kein*

ein → *kein*	Ich habe **einen** Tisch / **ein** Sofa / **eine** Waschmaschine / Stühle. Ich habe **keinen** Tisch / **kein** Sofa / **keine** Waschmaschine / **keine** Stühle.
⚠ Auch *kein* bei:	Ich habe **kein** Geld / **keine** Zeit / **keine** Lust. Ich mag **keinen** Kaffee / **keinen** Käse.
Sonst immer *nicht*:	Heute kommt er. Morgen kommt er **nicht**. Sie isst gern Käse. Sie isst **nicht** gern Käse. Ich arbeite viel. Ich arbeite **nicht** viel.

Verben und Ergänzungen

Verben mit Nominativ und Akkusativ

Ich ︵Nominativ︶   (habe)   einen Sohn. ︵Akkusativ︶

Es gibt viele Verben mit Nominativ und Akkusativ: brauchen, sehen, nehmen, besichtigen, möchten, …

Verben mit Nominativ, Dativ und Akkusativ

Ich ︵Nominativ︶   (schenke)   meiner Mutter ︵Dativ (Person)︶   einen Blumenstrauß. ︵Akkusativ (Sache)︶

Es gibt viele Verben mit Nominativ, Akkusativ und Dativ: bringen, schenken, holen, erklären, mitbringen, zeigen, geben …

Verben mit Nominativ und Dativ

$$\underbrace{\text{Wir}}_{\textit{Nominativ}} \quad \left(\text{helfen}\right) \quad \underbrace{\text{euch.}}_{\textit{Dativ}}$$

Es gibt nur wenige Verben mit Nominativ und Dativ: danken, gehören, gefallen, …

Ein Verb mit Nominativ und Nominativ

$$\underbrace{\text{Das}}_{\textit{Nominativ}} \quad \left(\text{ist}\right) \quad \underbrace{\text{ein Mantel.}}_{\textit{Nominativ}}$$

Verben mit Präpositionen

$$\underbrace{\text{Ich}}_{\textit{Nominativ}} \quad \left(\text{freue}\right) \quad \underbrace{\text{mich} \quad \text{auf das Wochenende}}_{\textit{Ergänzung mit Präposition}}$$

Satzverbindungen mit *aber – denn – und – oder*

	0	1	2	
Heute habe ich keine Zeit,	**aber**	morgen	komme	ich gerne.
Ich möchte ins Kino gehen,	**denn**	ich	möchte	den neuen James-Bond-Film sehen.
Heute sehen wir den James-Bond-Film	**und**	morgen	gehen	wir in die Disco.
Kommst du auch mit	**oder**		musst	du noch arbeiten?

Satzverbindungen mit *deshalb* und *trotzdem*

Peter hat den ganzen Tag gearbeitet. Deshalb will er sich ausruhen.
Peter kümmert sich nicht um den Haushalt. Deshalb ärgert sich Eva.
Der Mann hat einen Einkaufszettel. Trotzdem hat er nicht alles eingekauft.
Die Kinder streiten sich ständig. Trotzdem bleiben die Eltern ruhig.

Sätze verbinden mit *(an)statt* + *zu* + Infinitiv und *nicht…sondern*

Herr Murks hört seinen Gesprächspartnern nicht zu, sondern redet ohne Pause.
Anstatt seinen Gesprächspartnern zuzuhören, redet Herr Murks ohne Pause.

Nebensätze

Im Nebensatz steht das konjugierte Verb immer am Ende. Trennbare Verben stehen zusammen am Satzende.

Nebensätze mit *weil*

Er findet das Internet praktisch,	weil	man viele Informationen	bekommt.
Sie findet das Internet nützlich,	weil	man viele Filme sehen	kann.

Nebensätze mit *dass*

Ich finde,	dass	es viele gute Fernsehsendungen	gibt.
Ich meine,	dass	Kinder im Fernsehen viel lernen	können.
Ich bin dagegen,	dass	Kinder viel	fernsehen.

Nebensätze mit *wenn*

Was machen Sie,	wenn	das Wetter schlecht	ist?
Ich sehe fern,	wenn	das Wetter schlecht	ist.

Nebensätze mit *damit* und Satzverbindungen mit *um…zu* + Infinitiv

Er macht einen Computerkurs,	damit	er bessere Chancen auf dem Arbeitsmarkt	hat.
Er macht einen Computerkurs,	um	bessere Chancen auf dem Arbeitsmarkt	zu haben.
Sie stellt den Wecker,	damit	sie nicht zu spät	kommt.
Sie stellt den Wecker,	um	nicht zu spät	zu kommen.
Seine Frau hat ihm eine Krawatte gekauft,	damit	er gut	aussieht.

Nebensätze mit *obwohl*

Obwohl	es hier manchmal laut und hektisch ist,	bin ich	mit Beates Familie sehr glücklich.
Obwohl	wir jetzt Rentner sind,	sind wir	noch sehr aktiv.

Temporale Nebensätze

mit *als* und *wenn*

Einmaliges Ereignis in der Vergangenheit: als

Als ich sechs Jahre alt war, bin ich in die Schule gekommen.

Mehrmaliges Ereignis in der Vergangenheit: *wenn*
Ereignisse in der Gegenwart und Zukunft: *wenn*

Wenn das Wetter gut war, bin ich schwimmen gegangen.
Immer wenn ich in München bin, gehe ich in den Englischen Garten.
Wenn wir nächste Woche im Urlaub sind, passen unsere Nachbarn auf unsere Katze auf.

mit *bevor*

Bevor er die Bewerbung schreibt, liest er die Stellenanzeigen.
Bevor sie frühstücken, macht er Kaffee.

mit *während*

Während er Stellenanzeigen liest, macht er Notizen.
Während sie frühstücken, sprechen sie miteinander.

mit *nachdem*

Nachdem er die Bewerbung geschrieben hat, sortiert er die Bewerbungsunterlagen.
Nachdem sie gefrühstückt haben, geht er zur Arbeit.

Indirekte Fragen

W-Frage	Weißt du,	wo	der Brief	ist?
	Weißt du,	wann	der Chef	kommt?
Ja/Nein-Frage	Können Sie mir sagen,	ob	die Stelle noch frei	ist?

Nebensatz vor Hauptsatz

Wenn	Maximilian sehr viel	lernt,	(dann) kann er ein sehr gutes Abitur bekommen.
Wenn	ich morgen Zeit	habe,	komme ich gerne.

Relativsätze

Ich suche ein Restaurant,	das	in der Nähe vom Bahnhof	liegt.
Wo ist der Schlüssel,	den	ich auf den Tisch	gelegt habe.
Es gibt ungefähr 600.000 Vereine,	in denen	viele Menschen aktiv	sind.

Der Relativsatz steht immer in der Nähe vom Bezugswort. Manchmal auch mitten im Satz:

Die sozialen Vereine, **für die** sich viele Menschen engagieren, helfen Menschen.

Bezugswort   *Relativsatz*

1 Frauen – Männer – Familien

1

- Guten Tag, meine Damen und Herren. Willkommen zu unserer Reihe „Familie heute". Wir haben eine Umfrage gemacht und wollten wissen, wie der Kontakt der Menschen zu ihren Familien ist. Hier einige Antworten. Rosita aus Italien sagt:
- Ich lebe jetzt in Deutschland, weil ich hier arbeite. Meine Familie lebt in Italien, aber ich habe viel Kontakt zu ihr. Ich telefoniere ein- bis zweimal pro Woche mit meinen Eltern. Zu meiner Schwester habe ich noch mehr Kontakt. Mit ihr kann ich über alles reden. Wenn es Probleme gibt, weiß ich, dass ich mich auf meine Familie verlassen kann. Das gibt mir Sicherheit.
- Diese Antwort hat Neslihan gegeben:
- Meine Familie lebt zum Teil in Deutschland, aber ich habe auch viele Verwandte in der Türkei. Ich bin gerade erst dort gewesen. Mein Onkel hatte Geburtstag. Das war sehr schön und für mich war es sehr wichtig, denn ich habe viele Familienmitglieder wiedergesehen, zu denen ich lange keinen Kontakt mehr hatte. Zu Familienfesten fliege ich immer in meine Heimat. Nur so kann ich die Kontakte halten.
- Und Roberta aus Brasilien sagt:
- Ich lebe schon 25 Jahre in Deutschland und war 15 Jahre nicht mehr in meiner alten Heimat, Brasilien. Meine Eltern leben nicht mehr und mit meinen Geschwistern, die viel älter sind als ich, telefoniere ich nur ein-, zweimal im Jahr. Wir hatten noch nie viel Kontakt. Für mich sind meine Freunde wichtiger als meine Familie.
- Von Harald kommt diese Antwort:
- Ich bin ein Familienmensch. Ich bin Vater von vier Kindern und meine freie Zeit verbringe ich immer mit meiner Frau und den Kindern. Wir machen Ausflüge oder besuchen unsere Verwandten. Meine Kinder freuen sich immer, wen,n sie ihre Großeltern sehen. Oft kommen die Verwandten auch zu uns zu Besuch. Für mich ist klar: Karriere ist nicht so wichtig, die Familie ist wichtiger.

4 a + b

- Alicia und Holger, ihr kennt euch seit zwölf Jahren und wart neun Jahre verheiratet. Seit einem Jahr seid ihr geschieden. Wie ist das passiert?
- Wir haben uns immer gut verstanden und wir verstehen uns auch jetzt noch gut. Aber es war nicht gut, dass ich nach der Hochzeit mit Alicia in das Haus von ihren Eltern gezogen bin. Wir hatten oft Streit und verschiedene Meinungen. Auch mit Alicia hatte ich dann Probleme, und es war für uns beide besser, dass wir uns getrennt haben.
- Finden Sie das auch, Alicia?
- Ja, sicher. Wir wohnen jetzt nicht mehr zusammen, aber wir verstehen uns jetzt wieder viel besser. Ich mag Holger noch immer. Trotzdem finden wir es beide besser, dass wir nicht mehr zusammen wohnen.
- Wie ist es für Sie, Holger?
- Mir geht es ähnlich. Wir wohnen jetzt nicht mehr zusammen und auch die Kinder wohnen nicht mehr bei mir. Trotzdem sehe ich sie sehr oft.
- Wohnen Sie noch bei Ihren Eltern, Alicia?
- Nein, ich habe jetzt eine eigene Wohnung, denn auch für mich war die Situation mit den Kindern und meinen Eltern nicht einfach.
- Sie arbeiten. Ist das nicht etwas kompliziert, wenn die Kinder bei Ihnen wohnen? Helfen Ihnen Ihre Eltern?
- Nein, das geht nicht, denn meine Eltern arbeiten auch. Sie sind noch keine Rentner. Trotzdem kann ich in Vollzeit arbeiten, denn am Vormittag sind die Kinder in der Schule und am Nachmittag sind sie im Hort. In den Ferien, wenn Schule und Hort geschlossen sind, unterstützt mich Holger.
- Es gibt Leute, die unser neues Leben nicht verstehen. – Obwohl wir geschieden sind, haben wir noch viel Kontakt und wir helfen uns. Meine Eltern haben zum Beispiel gar nicht verstanden, dass wir uns getrennt haben. Ich weiß, dass meine Eltern auch oft Streit haben und sich nicht immer gut verstehen. Trotzdem sind sie jetzt seit 30 Jahren zusammen und sie haben nie an eine Scheidung gedacht.

17

Hast du schon die Hosen gebügelt?
Die Waschmaschine ist kaputt.
Wir sollten bald einkaufen gehen.
Holst du bitte die Milch aus dem Kühlschrank?

22a+b

- Alle sagen, dass man die Aufgaben in Ehe und Familie teilen sollte, aber oft ist es wie früher.
- Wie meinen Sie das, Herr Tito?
- Ich beobachte, dass in vielen Familien die Frauen zu Hause bleiben und die Männer das Geld verdienen.
- Ich stimme Ihnen nicht zu. Bei uns zum Beispiel ist das anders. Mein Mann und ich arbeiten beide und wir kümmern uns gemeinsam um die Kinder und den Haushalt.
- Ich glaube, Familien wie Ihre gibt es nur selten.
- Das sehe ich anders. Ich kenne sehr viele Partnerschaften, in denen es so ist wie bei uns.

Die digitale Welt ❷

4

- Frau Wenke, Sie sind Expertin für das Internet. Können Sie uns sagen, wie viele Menschen in Deutschland jetzt das Internet nutzen?
- In Deutschland nutzen es jetzt mehr als 71 Millionen Menschen, das sind fast 90 Prozent. Und auch die Zahlen beim mobilen Internet sind stark gestiegen: Die Hälfte der Deutschen möchte auch unterwegs online sein und nutzt mobiles Internet auf Smartphones oder Tablets.
- Kann man die Zahlen in Deutschland präzisieren? Sind es mehr Jugendliche, Schüler und junge Erwachsene, die im Netz sind? Wer sind die Internetnutzer in Deutschland?
- Die Unterschiede sind nicht mehr so groß wie früher. Heute gehen alle Altersgruppen ins Netz. Die Gruppe, die besonders viel das Internet nutzt, sind die 20- bis 30-Jährigen. Aber auch Kinder gehen schon ins Netz und ältere Menschen, die Senioren über 60 Jahre, gehen auch ins Netz.
- Und was machen die Menschen im Internet? Gibt es da Unterschiede?
- Ja, natürlich, das ist sehr unterschiedlich.
- Gut, dann beginnen wir mit den Kindern. Was machen Kinder im Netz?
- Viele Kinder beginnen schon vor der Schule: Sie sehen Filme im Netz oder spielen Online-Spiele. Wenn sie in die Schule kommen, müssen sie oft für die Schule Informationen, zum Beispiel für ein Referat, recherchieren. Ab zwölf Jahren werden dann auch die Computerspiele und die sozialen Netzwerke immer wichtiger.

- Und was machen die jungen Leute, die 20- bis 30-Jährigen im Netz besonders häufig?
- Die jungen Leute sind besonders viel in sozialen Netzwerken unterwegs. Sie sind in Facebook oder Twitter oder in vielen Online-Diensten, in denen man Videos und Fotos mit Freunden teilen kann. Und sie kaufen viel im Internet ein, Online-Shopping ist für sie sehr wichtig. Und natürlich auch Online-Videospiele.
- Und die Senioren?
- Die Senioren, also die Menschen über 60 Jahre, gehen seltener in soziale Netzwerke. Sie machen gerne Online-Banking oder informieren sich über Versicherungen. Sie schreiben auch private E-Mails. Das Thema „Gesundheit" ist für sie besonders wichtig. Und deshalb recherchieren sie oft Gesundheitstipps im Internet. Sie kaufen auch online ein, aber nicht so häufig wie die jungen Leute.

16a

- Hannes, spielst du Computerspiele?
- Ja, klar. Ich spiele regelmäßig und ich bin schon ziemlich gut. Aber natürlich nicht so gut wie die Profis. Ich habe leider nicht so viel Zeit für das Training, weil ich arbeite und einen langen Arbeitsweg habe. In der Woche bin ich abends zu müde. Ich kann nur am Wochenende trainieren.
- Trainieren, was heißt das? Was kann man denn trainieren?
- Oh, man muss sehr fit sein, wenn man gut spielen möchte. Man muss eine sehr schnelle Reaktion haben und man muss die Spiele sehr sehr gut kennen, damit man eine gute Strategie entwickeln kann. Dafür braucht man Zeit und man muss hart trainieren, wenn man richtig gut sein möchte. Die Profis trainieren viele Stunden pro Tag und diskutieren im Team. Das schaffe ich leider nicht.
- Siehst du dir auch Spiele von professionellen Spielern an?
- Ja, natürlich. Das ist ganz wichtig. Im Live-Stream kann man viele professionelle Spieler verfolgen. Man kann sehen, wie sie spielen und in vielen Streams erklären sie auch, warum sie so spielen. Sie erklären ihre Strategie. Da kann man viel lernen.
- Man sagt zu Computerspielen ja auch eSport. Was ist deine Meinung, ist das wirklich Sport? Man sitzt ja nur da und bewegt sich nicht.
- Was meinen Sie denn, muss man beim Sport immer rennen? Das ist doch Quatsch. Schachspie-

len ist doch auch Sport, oder Billiardspielen oder Schießen. Auch bei diesen Sportarten bewegt man sich nicht so viel. Wichtig ist die Präzision, die Koordination von Auge und Hand und natürlich die Strategie. Und das ist auch beim eSport wichtig. Ich denke, dass in ein paar Jahren der eSport ein ganz normaler Sport ist und dass eSportler auch an der Olympiade teilnehmen dürfen. Darauf freue ich mich schon.

Wichtige Wörter 7

Auf dem Foto sieht man rechts einen Mann. Er sitzt vor einem Bildschirm. Auf dem Bildschirm sieht man eine Frau. Der Mann und die Frau sehen sich an und sprechen miteinander. Ich glaube, dass die beiden miteinander skypen. Vielleicht ist die Frau die Frau oder die Freundin von dem Mann. Und vielleicht arbeiten sie an unterschiedlichen Orten, zum Beispiel einer in Deutschland und einer im Ausland. Dann können sie sich nicht so oft besuchen und skypen regelmäßig miteinander. Vielleicht sind die beiden aber auch Arbeitskollegen. In vielen Firmen muss man mit Kollegen im Ausland kommunizieren. Ich finde, skypen ist eine sehr gute Möglichkeit, wenn man mit Leuten im Ausland in Kontakt sein möchte. Skypen ist besser als telefonieren, weil man seinen Partner auch sehen kann. Das finde ich sehr wichtig. Und Skypen ist auch sehr günstig, wenn man Internet hat. Man muss nichts bezahlen.

③ Der erste Eindruck

2 a + b

- Francesco, was denkst du, was machen die beiden?
- Ich glaube, sie sind Kollegen und machen etwas zusammen.
- Also arbeiten sie im Team. Aber ich habe den Eindruck, dass sie nicht gut zusammenpassen,
- Warum denkst du das? Ich finde, sie sehen beide sehr motiviert aus.
- Nein, der Mann wirkt etwas genervt. Ich glaube, die Frau ist viel engagierter.
- Vielleicht kennen sie sich nicht so gut oder haben verschiedene Arbeitsmethoden.
- Das kann sein. Ich bin aber sicher, dass sie sich bald streiten und nicht mehr lange zusammenarbeiten.
- Vielleicht hast du recht und sie können nicht gut als Team zusammenarbeiten.

6 a + b

- Herolind!
- Ja, was ist, Nadine?
- Du suchst doch einen Job in Teilzeit! Ich habe eine interessante Anzeige gefunden. Komm mal! …. Hier, eine Bäckerei sucht einen Mitarbeiter für Vormittage.
- Ja, das sieht interessant aus. Und die Bäckerei ist am Bahnhof, also ganz in der Nähe. Aber eigentlich würde ich lieber Auto fahren. Du weißt ja, ich war früher Fahrer für eine Wäscherei. Ich stehe auch nicht gerne so früh auf, denn ich lerne im Moment bis spät am Abend für mein Studium.
- Du solltest die Bäckerei trotzdem anrufen.
- Das mache ich auch. Aber hier sehe ich, dass der Kiosk am Rathaus eine Aushilfe sucht. Ich finde, der Job passt gut zu dir. Du musst nur am Samstag arbeiten. Willst du da anrufen?
- Nein, lieber nicht. Ich brauche einen Job, damit ich etwas mehr Geld für mein Studium habe, aber Samstag will ich nicht arbeiten. Da gehe ich lieber abends aus und vielleicht bin ich zu müde, wenn ich dann von der Arbeit nach Hause komme. Ich habe sechs Monate als Aushilfe in einem Supermarkt gearbeitet und immer am Samstag. Das war einfach zu viel.

10 a + b

- Liebe Hörer, wir sind heute in der Sprachschule Kramer. Hier gibt es viele Deutschkurse und wir wollen wissen, wozu die Leute Deutsch lernen. Entschuldigen Sie, darf ich Sie fragen, wie Sie heißen und woher Sie kommen?
- Ich bin Rana aus Syrien.
- Mich interessiert auch, warum Sie hier einen Deutschkurs machen.
- Ich habe in Syrien studiert und will jetzt hier in Deutschland weiterstudieren. Für die Universität muss ich auch eine Deutschprüfung machen und deshalb bin ich jetzt in einem B2-Kurs. Die Kurse A1 bis B1 habe ich in Syrien gemacht.
- Und wie ist es bei Ihnen?
- Hallo, ich bin Anastasia aus Russland. Ich habe zwei Kinder, die in die Grundschule gehen. Ich finde es wichtig, dass ich gut verstehe, was in der Schule passiert und ich möchte auch gerne mit den anderen Eltern sprechen können. Deshalb mache ich den B2-Kurs. Letztes Jahr habe ich den B1-Kurs gemacht.
- Und Sie? Warum besuchen Sie den Sprachkurs?
- Mein Name ist Antonio. Ich komme aus Kuba. Ich lebe seit zwei Jahren in Deutschland und ich

spreche auch schon ganz gut Deutsch. Aber ich mache hier einen C1-Kurs, denn ich habe immer noch Probleme, wenn ich Zeitungen und Bücher lese.

- Vielleicht können Sie mir auch noch sagen, wozu Sie hier einen Deutschkurs machen?
- Gerne. Ich heiße Jonathan. Ich habe schon in den USA Deutsch gelernt und kann ganz gut lesen und schreiben. Aber als ich nach Deutschland gekommen bin, habe ich gemerkt, dass es für mich nicht leicht ist zu sprechen. Ich möchte hier gerne viele Kontakte haben und dann ist es natürlich wichtig, gut Deutsch zu sprechen.

Damals, gestern, heute

3

Sie benutzte nicht den Aufzug, sondern die Treppe.
In dieser Firma arbeiten die Leute auch am Wochenende.
Er verdiente viel weniger als ich.
Ich mache einen Termin beim Arzt.
Sie lebten vor ihrem Umzug in München.
Er gründete in den 80er Jahren eine Rockband.

11

- Herr Jonas, Sie sind jetzt 52 Jahre alt. Meinen Sie, dass Ihre Kindheit anders war als bei den Kindern von heute?
- Ja, da bin ich ganz sicher. Wir haben noch mit ganz anderen Sachen gespielt als die Kinder heute und wir haben sehr oft draußen gespielt. Kinder spielen heute viel seltener auf der Straße als früher. In meiner Kindheit gab es noch keine moderne Elektronik. Playstations, Gameboys und Computer kannten wir nicht. Ich glaube auch, dass wir als Kinder früher mehr Bücher gelesen und mehr Radio gehört haben.
  – Ja, nach der Schule habe ich oft das Radio angemacht, um das Kinderprogramm zu hören. Heute schalten viele Kinder nach der Schule den Fernseher an.
- Hatten Sie Fernsehen?
- Meine Eltern hatten einen Fernseher, aber es gab nur drei Programme. Ich erinnere mich noch, dass das Bild schwarz-weiß war. Der Samstagabend war bei uns, wie in vielen Familien, immer der große Fernsehabend und am Montag war das Programm vom Samstag dann oft ein wichti-

ges Thema auf dem Schulhof. Heute gibt es viel mehr Programme und die Kinder schauen selten gemeinsam mit den Eltern fern. Viele haben einen eigenen Fernseher im Kinderzimmer.

- Glauben Sie, dass Kinder heute mehr fernsehen als Sie in Ihrer Kindheit?
- Ja, die Kinder sehen heute sicher mehr fern. Wir hatten ganz strenge Fernsehzeiten: Samstagabend, wie ich schon gesagt habe, und dann durften wir dreimal in der Woche nachmittags das Kinderprogramm sehen. Ich glaube aber, dass das Fernsehen wegen des Internets, der Computerspiele und der anderen modernen Sachen für die Kinder heute weniger wichtig ist als für uns früher.
- Welche Unterschiede gibt es noch?
- Ich denke, dass auch die Erziehung anders geworden ist. Meine Eltern waren viel strenger als ich zu meinen Kindern bin. Auch in der Grundschule waren die Lehrer ziemlich streng, ganz sicher strenger als heute. Auf dem Gymnasium war es dann lockerer.
- Sehen Sie außerdem noch Unterschiede?
- Heute lernen die Kinder in der Schule anders. Sie benutzen Computer und das Internet, um ihre Hausaufgaben zu machen. Sie schicken ihren Lehrern die Hausaufgaben per E-Mail. Wir mussten alles ganz ordentlich mit der Hand schreiben und im Unterricht abgeben.
- Möchten Sie heute noch einmal Kind sein?
- Warum? Meine Kindheit war sehr schön. Auch heute kann die Kindheit sicher schön sein, aber ich möchte nicht tauschen.
- Vielen Dank für das Gespräch.
- Gern geschehen.

16b

(das Ende des Märchens)
Voller Freude lief Hans weiter. Aber die Steine waren schwer und er bekam Durst. Als er aber aus einem Brunnen trinken wollte, fielen die Steine hinein. Und was tat Hans? Der war überglücklich, dass er von den Steinen befreit war. „So glücklich wie ich", rief er aus, „gibt es keinen Menschen unter der Sonne." und er lief leichten Herzens nach Hause zu seiner Mutter.

Wichtige Wörter 6

Auf dem Foto sieht man eine Frau, die mit dem Fahrrad auf einer großen Straße fährt, das heißt, sie fährt nicht auf der Straße zwischen den Autos, sondern sie fährt auf einem Fahrradweg. Den Fahrradweg erkennt man an dem gelb gezeichneten Fahrrad auf der Straße. Hier auf dem Fahrradweg dürfen die Autos nicht fahren. Die Frau auf dem Fahrrad fährt mit Helm. Das ist bestimmt gut, weil es gefährlich ist, mit dem Fahrrad in einer großen Stadt zu fahren. Aber auf dem Foto sieht man nicht viel Verkehr auf der Straße, nur einen großen gelben Bus und ein paar Autos. Wahrscheinlich ist jetzt kein Berufsverkehr.

In meinem Heimatland sieht es auf den Straßen in einer großen Stadt ganz anders aus. Es gibt viel mehr Verkehr und es gibt auch keine speziellen Fahrradwege. Die Fahrräder müssen zwischen den Autos fahren und das ist sehr gefährlich. Aber trotzdem fahren die Fahrradfahrer ohne Helm. Aber es gibt nicht so viele Fahrradfahrer in den großen Städten. Nur auf dem Land fahren viele Leute mit dem Fahrrad. Ich bin in meinem Heimatland nie mit dem Fahrrad gefahren. Ich hatte gar kein Fahrrad. Ich bin lieber mit dem Bus gefahren, das war nicht so gefährlich.

 Aus der Arbeitswelt

2 a + b

- Mahlzeit.
- Hallo.
- Schmeckt das Essen nicht, oder warum isst du nichts, Ali?
- Ich habe keinen Appetit.
- Geht es dir nicht gut?
- Ach, ich weiß nicht. Ich finde es gut, dass wir demonstrieren, aber ich habe Angst, dass Matzon das Werk trotzdem schließt. Die Verhandlungen zwischen dem Betriebsrat und der Geschäftsleitung haben bestimmt keinen Erfolg.
- Sei nicht so pessimistisch! Ich bin sicher, dass die Vertreter des Betriebsrates und der Geschäftsleitung einen Kompromiss finden. Außerdem sind wir noch jung. Wenn Matzon das Werk schließt und wir arbeitslos werden, finden wir sicher eine neue Stelle.
- Ja, das stimmt schon, aber ich arbeite gern hier und mag meine Kollegen. Das alles möchte ich nicht verlieren.

- So fühlen wir uns alle. Aber Angst haben hilft uns nicht weiter. Wir sollten kämpfen, damit wir unsere Arbeit nicht verlieren. Ich finde es gut, dass der Betriebsrat mit Streik gedroht hat. Das Werk darf nicht schließen. Nicht nur für die Mitarbeiter, auch für die Stadt ist das sehr wichtig. Die Stadt braucht die Steuern, die Matzon zahlt. Ohne Matzon hat Unterrode keine Zukunft.
- Eva, die große Kämpferin! Aber du hast natürlich recht mit dem, was du sagst. Ich finde es auch gut, dass der Betriebsrat mit Streik gedroht hat und es ist wahrscheinlich nicht so gut, so pessimistisch zu sein.
- Genau, noch haben wir eine Chance, dass das Werk hier bleibt.
- Hoffentlich hast du recht!

13

- 1. neue Nachricht. Montag 9.Juli. 9.32 Uhr.
- Guten Tag Frau Yang, hier ist Herr Junge vom Pflegedienst Herr. Sie haben sich bei uns als Altenpflegerin beworben und wir möchten Sie gerne zu einem Vorstellungsgespräch einladen. Bitte kommen Sie am 12. Juli, 10.00 Uhr vorbei. Wenn Sie zu diesem Termin nicht können, rufen Sie mich bitte an. Meine Nummer ist: 03831-7745954. Vielen Dank und auf Wiederhören.

- 2. neue Nachricht. Montag 9.Juli. 10.46 Uhr.
- Guten Tag, mein Name ist Iris Burggraf vom Altenheim Bergstraße. Ich habe Ihre Bewerbung erhalten und finde sie sehr interessant. Im Moment kann ich Ihnen leider keine Stelle anbieten, aber in fünf Monaten geht eine Mitarbeiterin in Elternzeit. Ist das für Sie interessant? Bitte rufen Sie mich an. Meine Nummer haben Sie ja. Vielen Dank und auf Wiederhören.

- 3. neue Nachricht. Montag 9. Juli. 15.23 Uhr.
- Guten Tag, hier Mursil vom Pflegedienst Weiß. Sie haben sich per E-Mail bei uns als Altenpflegerin beworben. Bitte schicken Sie noch ein Arbeitszeugnis und eine Kopie von Ihrem Schulabschluss. Danke und auf Wiederhören.

2

- Liebe Hörer und Hörerinnen. Morgen beginnt das neue Jahr. Wir haben einige Menschen in der Innenstadt gefragt, was sie sich für das neue Jahr wünschen. Mehr Erfolg im Beruf, mehr Zeit für die Familie, einen Lottogewinn oder etwas ganz anderes?
  Herr Husjew, gab uns diese Antwort:
- Na ja, ich bin im Beruf sehr erfolgreich, also Erfolg im Beruf ist für mich nicht so wichtig. Aber ich bin viel in der Firma und habe wenig Freizeit. Ich wünsche mir, mehr mit meiner Familie zusammen zu sein.
- Frau Sukha hat einen anderen Wunsch:
- Für mich ist die Sache ganz klar: Karriere ist für mich kein Thema, weil ich nicht berufstätig bin. Zeit für meine Familie und die Freunde habe ich. Aber wir haben in unserer Familie mit vier Kindern nie genug Geld. Deshalb wünsche ich mir einen Lottogewinn. Dann wäre vieles einfacher.
- Herr Gerba wünscht sich etwas besonders Schönes:
- Meine Frau und ich sind seit zwei Jahren verheiratet und wir hätten gerne ein Kind. Ja, ein Kind, das wäre schön. Darüber wären wir sehr glücklich. Alles andere ist für mich nicht so wichtig.
- Und diese Antwort gab uns Frau Murmann:
- Naja, ich bin erfolgreich im Beruf, verdiene gut und Zeit für meinen Mann und die Kinder habe ich auch. Aber ich bin leider oft krank. Ich wäre gerne gesünder. Das wünsche ich mir für das neue Jahr.

13

- Karim Sayed.
- …
- Hi, wie geht's?
- …
- Ich freue mich immer über Bücher.
- …
- Ja, ein Krimi ist nicht schlecht. Science-Fiction mag ich auch.
- …
- Ich freue mich schon. Wir sehen uns dann am Freitagabend.
- …
- Brauchst du nicht, aber wenn du willst, dann kannst du einen Salat machen.

Notizen

Bildquellen

Cover Cornelsen Schulverlage / Björn Schumann – **S. 3** unten: Badge Apple-Store: Apple Inc. – IP & licensing; Badge Google App-Store: Google Ireland ltd. – **S. 4** Shutterstock / Monkey Business Images – **S. 6** Fotolia / refresh(PIX) – **S. 7** Fotolia / Monkey Business – **S. 8** Fotolia / Firma V – **S. 11** Fotolia / Cello Armstrong – **14** 1: Shutterstock / Monkey Business Images; 2: Fotolia / mma23; 3: Fotolia / kmiragaya; 4: Fotolia / goodluz – **S. 15** 5: Fotolia / JackF; 6: Fotolia / JackF; 7: Fotolia / iordani; 8: Fotolia / Kzenon – **S. 19** Shutterstock / Indigo Fish – **S. 23** Fotolia / jehuty18 – **S. 26** 1: Fotolia / ra2 studio; 2: Fotolia / Iryna Tiumentseva; 3: Fotolia / vectorfusionart; 4: Fotolia / Joel Masson; 5: Fotolia / alexey_boldin; 6: Fotolia / guukaa; 7: Shutterstock / Syda Productions; 8: Fotolia / Calado; 9: Shutterstock / Monkey Business Images; 10: Fotolia / MH; 11: Fotolia / putilov_denis; 12: Shutterstock / Denys Prykhodov; 13: Fotolia / Piotr Adamowicz; 14: Fotolia / Coloures-pic – **S. 27** A: Fotolia / Photographee.eu; B: Fotolia / bramgino; C: Fotolia / De Visu; D: Shutterstock / LDprod – **S. 31** Fotolia / Mikkel Bigandt – **S. 38** 1: Fotolia / redav; 2: Shutterstock / Roberto David; 3: Shutterstock / l i g h t p o e t; 4: Shutterstock / Refat; 5: Shutterstock / solominviktor; 6: Shutterstock / Ahmad A Atwah; 7: Shutterstock / Monkey Business Images; 8: Fotolia / mangostock – **S. 39** A: Fotolia / StudioLaMagica; B: Fotolia / Rido; C: Fotolia / Jeanette Dietl; D oben: Fotolia / Björn Wylezich; D unten: Fotolia / wwwebmeister; E: Fotolia / contrastwerkstatt; F: Fotolia / SZ-Designs; G: Fotolia / Zerbor; H: Fotolia / eccolo; I oben: Fotolia / Vertigo Signs; I unten: Fotolia / bluedesign – **S. 41** oben links: Shutterstock / Nejron Photo; oben rechts: Shutterstock / FamVeld; unten links: Fotolia / Viorel Sima; unten Mitte: Shutterstock / Sylvia Biskupek; unten rechts: Shutterstock / Maridav – **S. 44** links: Fotolia / drubig-photo; Mitte: Fotolia / niyazz; rechts: Fotolia / mahony – **S. 45** imago – **S. 46** picture alliance / dpa / Britta Pedersen – **S. 47** Shutterstock / Matthew Dixon – **S. 48** TOPICMedia / Otto – **S. 54** 1: Fotolia / Picture-Factory; 2: Fotolia / Robert Kneschke; 3: Fotolia / Gina Sanders; 4: www.colourbox.de; 5: Fotolia / estherpoon; 6: Fotolia / Marco2811; 7: Shutterstock / Delpixel; 8: Fotolia / Jörg Hackemann; 9: Fotolia / kamasigns; 10: Fotolia / mik_cz; 11: Fotolia / Kadmy; 12: Fotolia / Kara – **S. 55** A: Fotolia / dmitrimaruta; B: Shutterstock / ANADMAN BVBA; C: Shutterstock / hans engbers; D: Fotolia / Gerhard Seybert – **S. 56** Shutterstock / Monkey Business Images – **S. 57** Fotolia / Patryssia – **S. 59** Fotolia / Daniel Ernst – **S. 63** Fotolia / dessauer – **S. 66** 1: Fotolia / stokkete; 2: Fotolia / Gajus; 3: Fotolia / Robert Kneschke; 4: Fotolia / Jürgen Effner; 5: Fotolia / contrastwerkstatt; 6: Fotolia / Kzenon; 7: Fotolia / Kzenon; 8: Fotolia / Kadmy – **S. 67** 9: Fotolia / kasto; 10: Fotolia / Syda Productions; 11: Fotolia / Jeanette Dietl; 12: Fotolia / industrieblick; 13: Fotolia / Minerva Studio; 14: Fotolia / Robert Kneschke; 15: Fotolia / pressmaster; 16: Fotolia / pressmaster – **S. 68** oben: Fotolia / Dan Race; Mitte: www.colourbox.de; unten: Fotolia / Daniel Ernst – **S. 72** Fotolia / JackF – **S. 73** Cornelsen Schulverlage / Hugo Herold Fotokunst – **S. 75** links: Fotolia / i-picture; 2. von links: Fotolia / destina; 3. von links: Fotolia / victoria p.; 3. von rechts: Fotolia / faenor; 2. von rechts: Shutterstock / Studio DMM Photography, Designs & Art; rechts: Shutterstock / Jana Guothova